한식 케이크

한식 케이크

2022년 5월 16일 1판 1쇄 인쇄
2022년 5월 27일 1판 1쇄 발행

지은이 따뜻한케이크(최수정)
펴낸이 이상훈
펴낸곳 책밥
주소 03986 서울시 마포구 동교로23길 116 3층
전화 번호 02-582-6707
팩스 번호 02-335-6702
홈페이지 www.bookisbab.co.kr
등록 2007.1.31. 제313-2007-126호

기획 박미정
디자인 디자인허브
협찬 웨지우드

ISBN 979-11-90641-76-0 (13590)
정가 25,000원

ⓒ 최수정, 2022

이 책은 저작권법에 따라 보호받는 저작물이므로 무단전재와 무단복제를 금합니다.
이 책 내용의 전부 또는 일부를 사용하려면 반드시 저작권자와 출판사의 동의를 받아야 합니다.

책밥은 (주)오렌지페이퍼의 출판 브랜드입니다.

한식 케이크

Rice cake
·
Design cake
·
Flower cake

쌀과 앙금으로 만드는
한식 케이크 / 디자인케이크 / 플라워케이크의 모든 것

최수정 《따뜻한케이크》 지음

책밥

FLOWERCAKE

플라워케이크에 관한 기본적인 내용과 심화 과정을 다룬 『첫 번째 플라워케이크』, 『블로섬 플라워케이크』를 출간하면서 플라워케이크의 대중화에 조금이나마 기여하지 않았나 생각해 봅니다. 플라워케이크에 관한 내용을 다룬 첫 번째 책이다 보니 '정보 불모지에서 이런 책이 나와 너무 좋다'고 이야기하는 독자분들이 더러 있었어요. 이렇게 응원해주신 분들 덕분에 『한식 케이크』까지 출간하게 되었습니다.

요즘 떡 케이크는 꽃 외에도 '건강한 맛' 때문에 더욱 사랑받고 있어요. 기존의 앙금플라워를 응용한 디자인, 전혀 다른 캐릭터 디자인 케이크, 레터링 케이크 등을 만들기도 했어요. 건강한 떡 케이크에 캐릭터와 글씨, 복고풍 디자인을 접목한 새로운 디자인을 소개합니다.
이러한 한식 케이크는 플라워케이크보다 난이도가 낮아서 초보자도 잘 만들 수 있을 거예요. 이 디자인들은 케이크 공방에서 주문이 가장 많이 들어오니 혹시 창업을 생각한다면 도움이 될 거예요.

FOREWORD

꽃 만드는 과정을 확실하게 배울 수 있도록 동영상을 큐알코드로 제작해 넣어두었어요. 큐알코드를 스캔해 동영상을 본다면 이해가 안 되는 부분도 확실하게 이해할 수 있어요. 책의 마지막 페이지에는 튤립과 수국으로 만든 케이크의 전 과정을 담은 동영상도 있어요. 책의 내용을 차근차근 숙지한 후, 케이크 만드는 과정을 한눈에 보고 영감을 얻어보세요.

케이크를 만들면서 내가 느낀 행복감을 독자 여러분도 느낄 수 있다면 더 바랄 것이 없어요. 마음에 드는 케이크를 만들 때까지 과정은 속상하고 어려울 수 있지만 초심을 잃지 않고 꾸준하게 연습한다면 반드시 예쁜 케이크를 만들 수 있을 거에요. 그때까지 따뜻한케이크가 항상 응원하겠습니다.

마지막으로 항상 아낌없는 사랑과 지지를 보내주시는 할머니, 할아버지, 태연 오빠, 유정, 병한, 엄마에게 감사의 마음을 전합니다.

어느 초여름
따뜻한케이크 최수정

FLOWERCAKE

떡 케이크 도구	013	기본 도구 사용하기	020	앙금 반죽 만들기	034
파이핑 도구	016	파이핑하기	024	앙금 크림 만들기	036
파이핑 도구_팁 사용하기	018	보자기케이크 도구	030	습식 멥쌀가루 만들기	037
파이핑 도구_팁 튜닝하기	019	재료	032		

PART 1

디자인이 살아 있는
떡 만들기

045 백설기 떡 케이크

051 흑임자 잼 떡 케이크

055 돔 케이크

059 레이스 설기

063 조각 케이크

065 지브라 설기

069 컵 설기 만들기

073 답례품 미니 컵 설기

077 절편 케이크

CONTENTS

PART 2
쌀과 앙금으로 만드는
한식 디자인 케이크

083
곰돌이 떡 케이크

091
용돈 주는 돼지 떡 케이크

099
용돈 떡 케이크

103
소주 떡 케이크

109
골프장 떡 케이크

115
숫자 떡 케이크 만들기

119
2단 보자기케이크

FLOWERCAKE

PART 3
조색이 쉬워지는
컬러 연습

129
다양한 색소를 이용해 컬러 차트 만들기
| 1차 색 만들기 |

133
기본 색을 이용해 컬러 차트 만들기
| 2차 색 만들기 |

136
기본 색과 흰색 색소를 이용해
명도 변화 알아보기

137
기본 색과 흰색 색소를 이용해
톤을 낮추는 방법

139
기본 색과 기본 색 사이의 중간색 만들기

141
은은한 색 변화가 자연스러운
투톤 그러데이션
143 · **1** 투톤 그러데이션 1
144 · **2** 투톤 그러데이션 2
145 · **3** 투톤 그러데이션 3

CONTENTS

PART 4
시간과 영감의 만남
꽃 피우기

1. 평면적인 디자인

151
애플블로섬과 데이지로 만든
플라워케이크
152 · **1** 애플블로섬
153 · **2** 데이지

155
양귀비와 램스이어로 만든 플라워케이크
156 · **3** 양귀비
158 · **4** 램스이어

161
백일홍과 베이비 수국, 빅 국화,
빅 장미로 만든 플라워케이크
162 · **5** 백일홍
164 · **6** 베이비 수국
166 · **7** 빅 국화
168 · **8** 빅 장미

171
다양한 잎과 블루베리로 만든 플라워케이크
172 · **9** 다양한 잎 만들기 1
173 · 다양한 잎 만들기 2

175
목련과 라벤더로 만든
플라워케이크
176 · **10** 목련
178 · **11** 라벤더

181
카라와 나뭇가지, 나뭇잎 리스,
큰 잎 해바라기 그리고 아네모네로 만든
컵 설기
182 · **12** 카라
183 · **13** 나뭇잎 리스
184 · **14** 나뭇가지
185 · **15** 누운 잎
186 · **16** 아네모네
188 · **17** 활짝 핀 작약
190 · **18** 큰 잎 해바라기

193
러플플라워와
스카비오사로 만든 컵 설기
194 · **19** 러플플라워
198 · **20** 스카비오사

FLOWERCAKE

2. 입체적인 디자인

205
장미와 국화, 잎사귀로 만든
플라워케이크
206 · **1** 장미
208 · **2** 국화
210 · **3** 잎사귀

213
동백꽃으로 만든 플라워케이크
214 · **4** 동백꽃
216 · **5** 변형 동백꽃

219
수국과 튤립, 잎사귀로 만든
플라워케이크
220 · **6** 수국

223
동글 수국과 램스이어로 만든
플라워케이크
224 · **7** 동글 수국

227
카네이션과 램스이어로 만든
플라워케이크
228 · **8** 카네이션

231
작약과 아네모네로 만든
플라워케이크
232 · **9** 104번 팁으로 만든 작약

235
내추럴 작약과 라넌큘러스,
블루베리와 동글 수국으로 만든
플라워케이크
236 · **10** 122번 팁으로 만든 내추럴 작약
238 · **11** 라넌큘러스
240 · **12** 블루베리

CONTENTS

243
사라작약으로 만든 플라워케이크
244 · 13 사라작약

249
내추럴 로즈로 만든
플라워케이크
250 · 14 내추럴 로즈

253
내추럴 라넌큘러스로 만든
플라워케이크
254 · 15 내추럴 라넌큘러스

257
빅토리언 로즈와 꽃봉오리,
램스이어로 만든 플라워케이크
258 · 16 빅토리언 로즈

261
튤립과 램스이어로 만든
플라워케이크
262 · 17 튤립

265
목화와 솔방울로 만든
플라워케이크
266 · 18 솔방울
268 · 19 목화

271
야생 솔방울과 화이트 베리,
라즈베리로 만든 플라워케이크
272 · 20 야생 솔방울
274 · 21 화이트 베리
275 · 22 라즈베리

FLOWERCAKE

277
프로테아로 만든 플라워케이크
278 · **23** 프로테아

281
프리지아와 부바르디아,
꽃봉오리로 만든 플라워케이크
282 · **24** 프리지아
284 · **25** 활짝 핀 프리지아
286 · **26** 부바르디아
287 · **27** 꽃봉오리

289
줄리엣 로즈와 다알리아로 만든
플라워케이크
290 · **28** 다알리아
292 · **29** 줄리엣 로즈

295
선인장과 다육이로 만든
플라워케이크
296 · **30** 101번 팁으로 만든 기본 선인장
298 · **31** 다육이

301
포인세티아와 나뭇가지 리스로 만든
플라워케이크
302 · **32** 포인세티아

305
리시안셔스와 다양한 꽃으로 만든
플라워케이크
306 · **33** 리시안셔스
308 · **34** 골든볼
309 · **35** 폼폼 국화
310 · **36** 16번 팁으로 만든 선인장
311 · **37** 선인장 꽃

CONTENTS

PART 5
화룡점정
어레인지

315
어레인지
316 · **1** 돔 어레인지
317 · **2** 리스 어레인지
318 · **3** 블로섬 어레인지
319 · **4** 크레센트 어레인지
320 · **5** 변형 어레인지

321
튤립과 수국으로 만든
플라워케이크

FLOWERCAKE

TOOLS

1

떡 케이크 도구

떡을 만드는 데 필요한 기본적인 도구들을 소개할게요. 하지만 모든 도구들을 새로 살 필요는 없어요. 떡 케이크를 처음 시작할 때는 이렇게 많은 도구가 다 있어야 하나 하는 생각이 들게 마련이에요. 모두 구입하지 말고 대체할 만한 것이 있는지 먼저 살펴보세요.

1. 찜솥
보통 가정에서 쓰는 찜솥을 사용해도 되지만 20~30분가량 떡을 찌다 보면 솥 밑부분이 탈 수 있어요. 그렇기 때문에 떡을 찔 때는 깊은 솥을 사용하는 것이 좋답니다.

2. 찜기
찜기는 재질에 따라 대나무와 스테인리스로 나뉘어요. 스테인리스는 뚜껑에 스팀이 올라와 면보로 묶지 않으면 떡 위로 물이 떨어지는데 대나무는 물을 빨아들이는 성질이 있어 면보가 필요 없어요. 하지만 스테인리스나 대나무 모두 찜기 바닥에 물이 맺힐 수 있어서 시루밑에 키친타월을 깔아야 해요. 물기가 잘 마르지 않으면 곰팡이가 생길 수 있으니 잘 말려주세요.
2단 케이크를 비롯해 케이크 2개를 한 번에 만들어야 할 때, 2단 찜기를 사용하면 스팀이 위쪽 찜기까지 올라오지 않으니 가급적 찜기와 찜솥 2개를 이용해 따로 찌는 것을 추천해요.
컵 설기는 크기가 작아서 2단 찜기에 쪄도 스팀이 올라오곤 하는데 위쪽 찜기 바닥에 키친타월을 깔면 아래쪽 찜기로 물이 잘 떨어지지 않아요. 그렇다고 키친타월 대신 면보를 깔면 위에 있는 찜기까지 스팀이 올라오지 않으니 가급적 2단 찜기보다는 일반 찜기 사용을 추천합니다.
찜기는 스테인리스와 다르게 바닥이 분리되지 않습니다. 물을 빨아들이는 성질이 있어서 세제를 쓰지 않고 물로만 세척해야 해요.

3. 스텐볼
쌀가루를 넣고 물주기를 할 때 사용해요. 물주기를 할 때 쌀가루가 사방에 떨어질 수 있으니 최대한 깊은 볼을 사용하는 것이 좋아요. 베이킹 숍에서는 중간체에 딱 맞는 스텐볼을 판매하는데 굳이 딱 맞지 않아도 집에 있는 것을 사용하면 됩니다. 물론 중간체와 볼이 딱 맞으면 편하기는 하답니다.

4. 중간체
떡을 만들 때는 고운체가 아닌 중간체를 사용해야 해요. 고운체는 주로 밀가루를 칠 때 많이 사용해요. 물론 고운체를 사용해도 되지만 쌀가루 입자가 밀가루보다 크기 때문에 2배 넘는 시간이 소요되어 무척 힘들답니다. 쌀가루가 곱게 내려져 맛은 있겠지만 시간도 너무 많이 걸리고 힘이 드니 중간체를 사용하는 것이 좋아요.

5. 시루밑(실리콘 매트)
떡이 눌어 붙지 않도록 찜기 바닥에 까는 거예요. 컵 설기를 만들 때는 쌀가루가 떨어질 일이 없기 때문에 시루밑을 굳이 깔지 않아도 된답니다.

6. 스크래퍼
쌀가루를 넣고 윗면을 평평하게 정리하는 도구예요. 평평하고 얇으면 어떤 것이든 상관없지만, 2천 원으로 저렴한 가격이니 구입할 것을 추천합니다.

7. 실리콘 컵
컵 설기를 만들 때 사용하는데, 일자 펀치로 컵 밑바닥에 구멍을 뚫어 사용하면 좋아요. 열이 더 들어오기 때문에 구멍을 내지 않고 찐 것보다 옆면에 쌀가루가 덜 보여요. 하지만 구멍을 내지 않아도 잘 쪄지니 여건이 되지 않는다면 그냥 사용해도 된답니다.

8. 유산지 컵
컵 설기는 유산지 컵으로 붙여줘야 마르지 않아요. 코팅이 너무 잘되어 있는 유산지 컵은 떡이 잘 붙지 않아 사용하기 힘들어요. 빳빳한 종이 재질 유산지 컵이 떡에 더 잘 붙으니 잘 확인하고 구매하세요.

9. 계량컵, 계량스푼
계량컵 200밀리를 전부 채웠을 때 컵 설기 하나가 만들어진다고 계산하면 편해요. 계량스푼은 15밀리 기준 한 스푼이에요.

TOOLS

10. 떡장갑
장갑 속에 천이 한 겹 더 있어서 뜨거운 찜기 도구들을 만질 때 좋아요. 면이나 목장갑을 여러 겹 끼고 그 위에 일회용 비닐장갑을 껴서 사용해도 된답니다.

11. 면보
떡을 찔 때 찜기의 스테인리스 뚜껑을 감싸는 용도예요. 면보로 뚜껑을 감싸는 대신 천 행주나 두꺼운 키친타월을 떡 위에 올려줘도 된답니다.

12. 무스링
미니 사이즈부터 1호, 2호, 3호 등 크기가 다양하고, 원형, 하트, 사각형, 직사각형 등 여러 가지 모양이 있어요. 높이는 5센티미터와 7센티미터가 있는데 떡은 찌면 줄어들기 때문에 대체로 7센티미터를 사용해요.

13. 무스띠
무스링을 제거한 후 떡 옆면을 무스띠로 감아 떡이 마르는 것을 방지해요. 무스띠는 떡 높이에 맞는 것을 준비해야 해요. 무스띠가 없을 때 비상용으로 투명 비닐이나 호일을 잘라 붙여도 된답니다. 하지만 무스띠가 가장 깔끔하고 좋아요.

14. 투명판(떡 뒤집개)
떡을 찜기에서 케이크 판으로 옮길 때 사용하는 것이에요. 투명판 대신 쟁반처럼 평평한 것을 사용해도 된답니다.

15. 돔 팬
돔 모양의 떡 케이크를 만들 때 사용되는 팬입니다. (054쪽 참고)

16. 숫자 무스링
숫자 떡 케이크(114쪽)를 만들 때 떡 모양을 잡기 위해 사용해요. 원하는 숫자에 따라 모양이 다양합니다.

17. 미니 구겔호프 실리콘 틀
구겔호프라는 디저트를 만들 때 사용하는 6개짜리 틀인데 하나씩 잘라 미니 컵 설기(072쪽)를 만들 때 사용했어요. 틀에 울퉁불퉁한 결이 있어 귀여운 모양의 컵 설기를 만들 수 있어요.

FLOWERCAKE

2
파이핑 도구

꽃을 만들거나 케이크를 장식하기 위해 짤주머니에 앙금이나 크림을 넣고 짜는 것을 파이핑이라고 해요. 플라워케이크에서 가장 중요한 앙금 꽃을 만드는 도구들이에요. 떡을 만드는 도구보다 저렴해서 부담 없이 구입할 수 있어요.

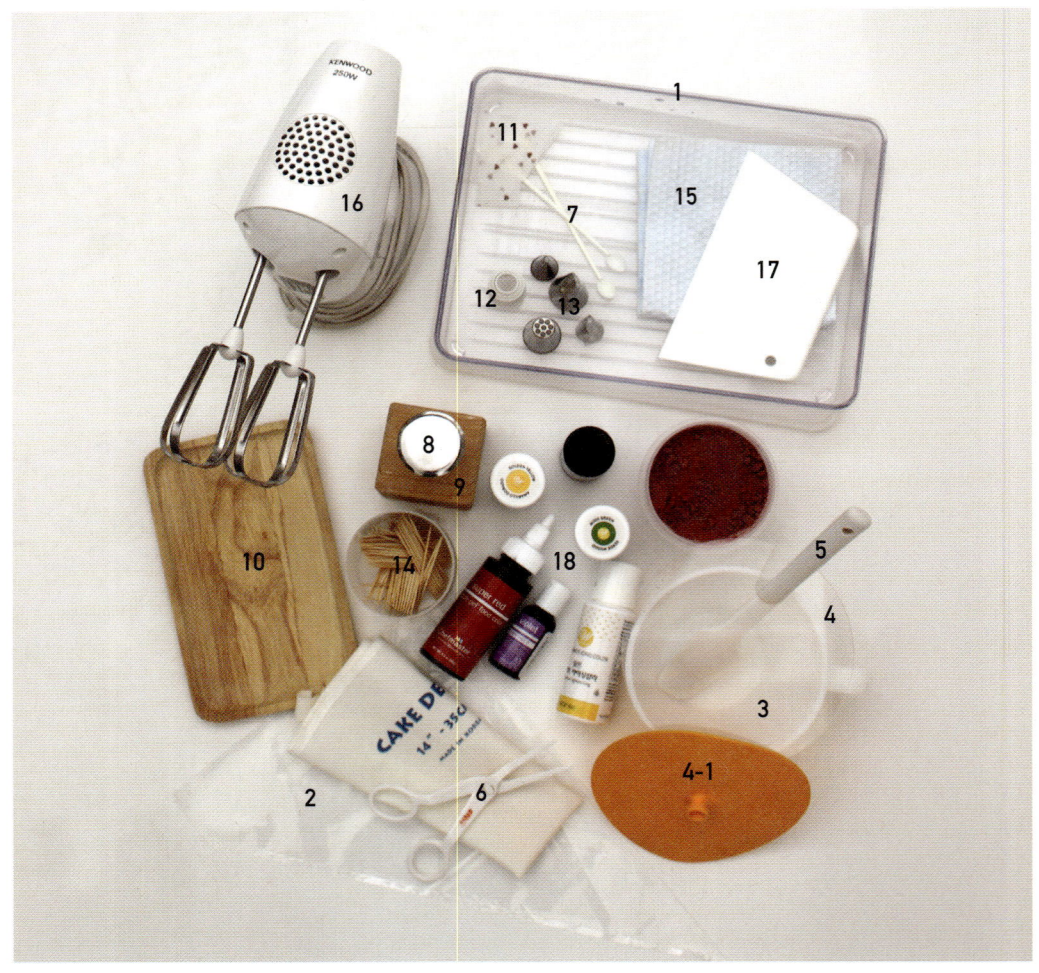

TOOLS

1. 트레이 혹은 꽃 담을 용기
앙금으로 만든 꽃은 시간이 지날수록 점점 굳기 때문에 꼭 뚜껑을 덮어서 보관해 주세요.

2. 짤주머니
천과 비닐이 있는데 천은 오래 쓸 수 있고 단단하지만 변색이 잘되고 냄새가 날 수 있어요. 비닐은 일회용이라 깨끗하지만 앙금이 단단해서 터질 수 있어요. 자기 손 크기에 맞는 것을 선택하면 돼요.

3. 믹싱볼
앙금과 색소를 섞을 때 사용하는 그릇이에요. 손잡이가 달린 볼이 편하지만 밥그릇을 사용해도 상관없어요.

4. 믹싱볼 뚜껑
플라스틱이나 실리콘 둘 다 상관없어요. 앙금이 굳지 않도록 덮어주는 것이니 평평한 접시를 대신 사용해도 됩니다.

5. 주걱
깔끔이 주걱이 깨끗하고 좋아요. 앙금이 단단하기 때문에 단단한 주걱을 사용합니다.

6. 꽃가위
꽃을 옮길 때 사용해요. 세척할 때는 두 날을 분리하는데, 윗부분이 얇아서 너무 세게 문지르면 부러질 수 있어요.

7. 미니 스푼
가루 색소를 퍼서 앙금에 넣을 때 사용해요. 손톱만큼 작은 스푼이 편하답니다.

8. 네일
못처럼 생긴 도구로 길쭉한 밑부분을 한 손으로 잡고, 다른 손으로는 동그란 받침 윗부분에 꽃을 짜요. 밑부분을 잡고 돌리면서 사용한답니다.

9. 꽃 받침대
짤주머니를 다시 잡을 때, 팁을 닦을 때, 네일을 꽂아놓을 때 꽃을 받침대에 잠시 내려놓을 때 사용해요.

10. 도마
평평한 꽃을 도마에 올려두고 얼리는데, 트레이처럼 평평한 것을 쓰면 된답니다.

11. 유산지
평평한 꽃을 유산지 위에 짜서 얼리는데, 종이 호일을 사용할 수도 있어요. 알맞은 크기로 잘라서 사용하면 된답니다.

12. 커플러
짤주머니와 팁을 연결하는 도구예요. 짤주머니 속에 커플러를 넣고 팁을 끼워서 사용하세요. 사이즈는 '소'로 사용해요.

13. 팁(모양깍지)
번호에 따라 팁의 모양이 달라요. 꽃 종류에 따라 다른 팁을 사용합니다. 대표적인 팁은 104번, 123번, 352번이에요. 윌튼 사에서 나온 팁을 많이 사용하지만 가격이 비싼 편이에요.

14. 이쑤시개
윌튼 색소를 소량 넣을 때 사용하면 편리해요.

15. 행주
팁에 앙금이 묻어 있으면 꽃이 깔끔하지 않으니 행주에 닦아가면서 만들면 좋아요.

16. 핸드믹서
앙금을 풀 때 사용합니다. 핸드믹서 대신 주걱으로 해도 되지만 핸드믹서를 사용하면 손이 아프지 않고 많은 양도 쉽게 작업할 수 있어요.

17. 스크래퍼
짤주머니 안에 앙금을 넣고 앙금이 잘 들어가도록 밀거나 무스링에 쌀가루를 넣고 평평하게 만들 때 사용해요.

18. 색소
젤·액체·가루 타입, 천연색소·식용색소 등 종류가 다양해요. 책에서는 주로 윌튼, 셰프마스터 제품을 사용하고 백년초 가루, 치자 가루 등의 천연 색소를 사용했습니다.

FLOWERCAKE

3

팁 사용하기

파이핑에서 가장 중요한 도구로 팁 번호에 따라 꽃 모양이 달라요. 팁을 잘 활용하면 다양한 꽃을 만들 수 있답니다. 가장 기본적인 것은 101~104번 팁이에요. 애플 블로섬 같은 평평한 꽃을 만들 때는 101~102번 팁, 장미 같은 입체적인 꽃을 만들 때는 103~104번 팁을 사용해요. 모두 같은 물방울 모양인데 크기가 다르답니다. 얇은 부분이 위로 향하도록 잡고 꽃을 만듭니다.

기본 팁

TOOLS

4

팁 튜닝하기

원하는 모양을 얻기 위해 팁을 펜치나 가위 등으로 살짝 변형하는 것을 튜닝이라고 해요. 팁의 얇은 부분 때문에 잎이 갈라지거나, 두꺼운 부분 때문에 꽃잎이 둔탁하게 만들어지는 것을 막기 위해 조금씩 튜닝해서 사용하곤 합니다.

국산 팁은 월튼에 비해 저렴하지만 단단해서 튜닝하기 어려워요. 생김새도 약간 달라서 101~104, 123번 팁은 꼭 월튼 제품으로 구매하고 튜닝해서 사용할 것을 추천해요. 여기서는 자주 사용하는 튜닝 방법을 알려드릴게요.

101, 102, 103, 104번 팁은 윗부분이 너무 뾰족해서 아무리 힘 조절을 잘해도 잎이 많이 갈라질 수 있어요. 갈라지지 않는 잎을 만들고 싶다면 윗부분을 가위나 펜치로 살짝 벌려줍니다. 너무 많이 벌리면 안 되고 뾰족한 윗부분은 살짝 벌리고 밑부분은 살짝 줄여줍니다. 작은 가위 한쪽을 넣어 살짝 늘려줍니다.

123번 팁은 곡선으로 휘어져 작약 등을 만들 때 사용해요. 원래 모양은 팁의 윗부분과 밑부분 모두 두꺼워요. 오른쪽에 튜닝한 팁처럼 위아래 모두 오므려줍니다. 팁 그대로 만들 수 있지만, 아랫부분이 너무 두꺼워서 꽃이 둔탁해 보일 수 있어요. 튜닝한 팁으로 만든 꽃이 훨씬 자연스러우니 팁을 변형해 보세요.

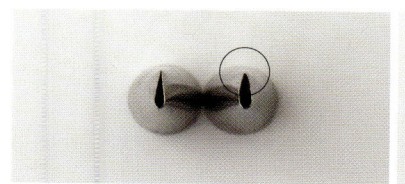 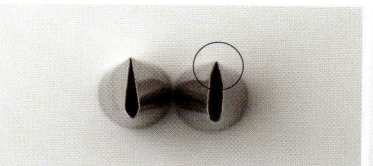 

101, 102번 팁의 튜닝 전후   103, 104번 팁의 튜닝 전후   월튼 123번 팁의 튜닝 전후

tip 가위나 펜치로 튜닝하는 모습

준비물 : 104번 팁, 가위 혹은 펜치

1. 104번 팁의 두꺼운 밑부분을 가위 혹은 펜치로 조여주세요.
    notice 구멍을 아예 막으면 앙금이 나올 수 없으니 주의합니다.

2. 팁의 구멍 넓이를 전체적으로 비슷하게 만듭니다.

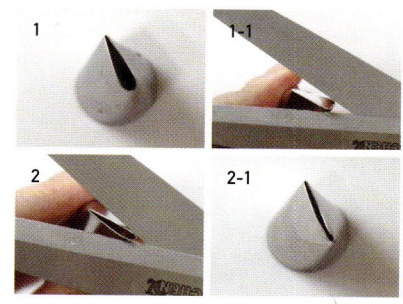

FLOWERCAKE

5
기본 도구 사용하기
짤주머니, 팁, 네일, 꽃가위

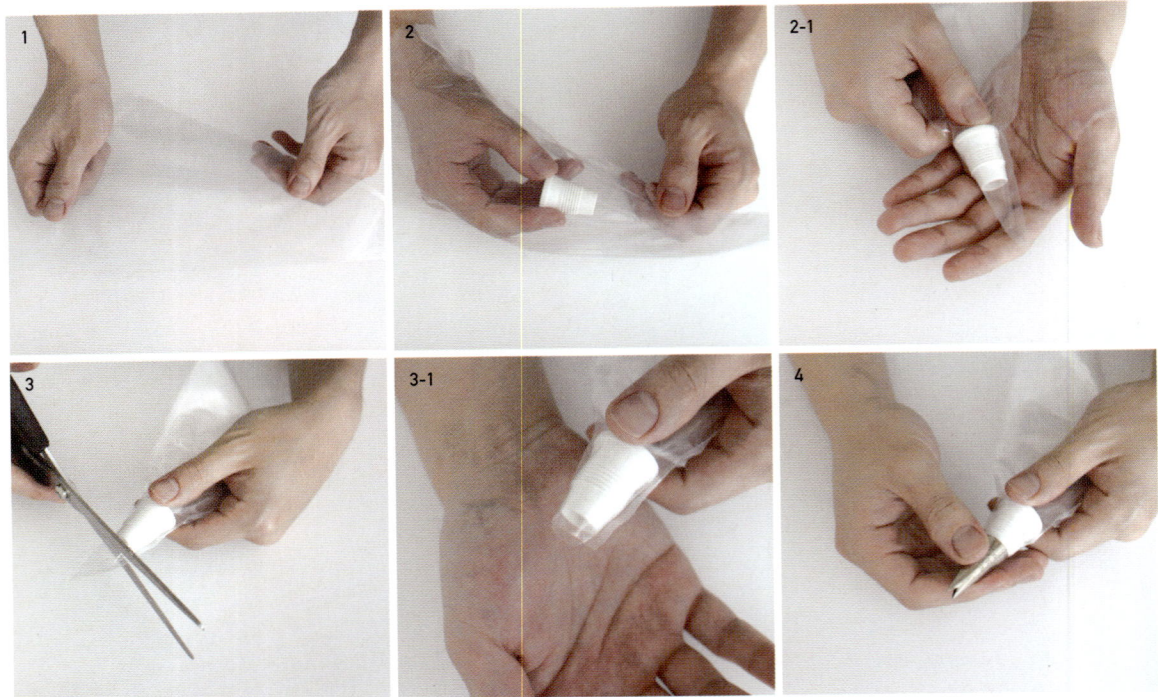

1. 짤주머니를 준비하세요.
2. 짤주머니 속에 커플러를 넣어주세요.
3. 짤주머니 끝을 가위로 잘라주세요.
   notice 끝부분을 바짝 자르면 앙금이 터져 나오니 비닐을 조금 남기고 잘라주세요.
4. 팁을 끼워주세요.

TOOLS

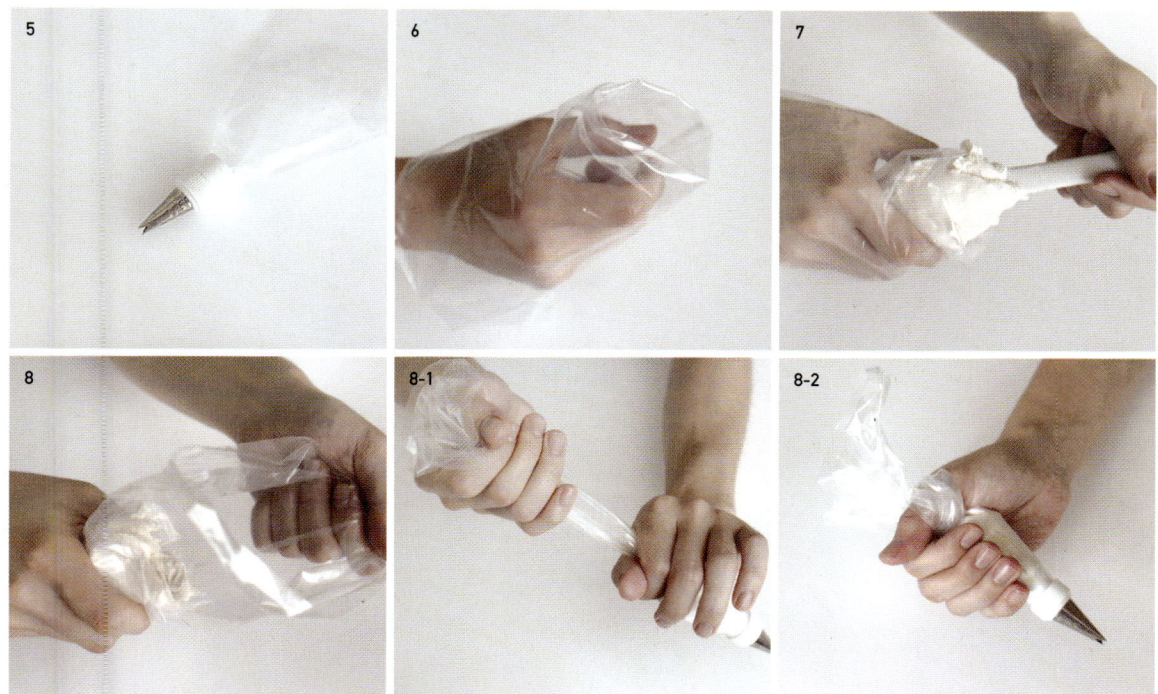

5. 팁을 커플러에 끼우고 단단히 잠가주세요.
6. 짤주머니 윗부분을 뒤집어주세요.
7. 주걱으로 짤주머니 깊숙이 앙금을 넣어주세요.
   notice 앙금을 깊숙이 넣어야 짤주머니를 깔끔하게 사용할 수 있어요.
8. 뒤집었던 짤주머니를 펴서 손으로 바짝 밀어서 잡고 엄지나 검지에 한 번 감아주세요.

FLOWERCAKE

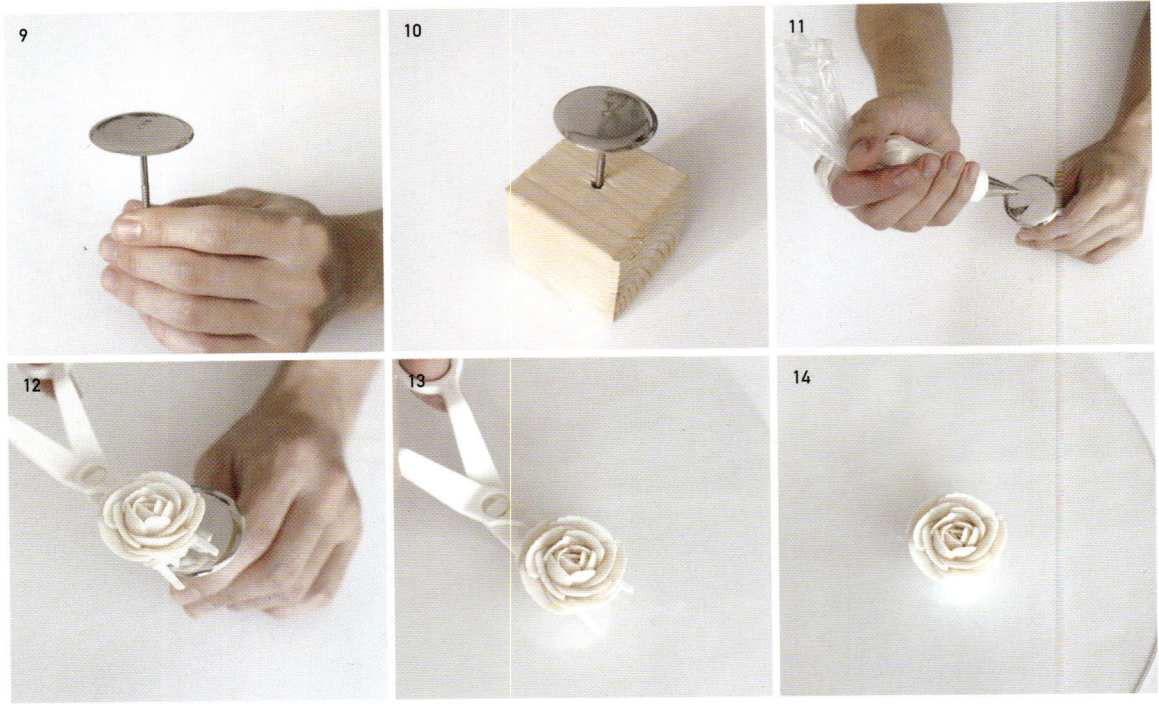

9. 짤주머니를 잡지 않은 손으로 네일을 잡아주세요.

10. 네일을 사용하지 않을 때는 네일 받침대에 꽂아주세요.

11. 한 손으로 네일을, 나머지 한 손으로 짤주머니를 잡아주세요.

12. 꽃을 완성한 다음 꽃가위로 네일 위에 있는 꽃을 잡아주세요.

    notice 가위를 완전히 오므리면 꽃이 떨어질 수 있으니 3분의 2 정도만 오므려요.

13. 네일 위에 있는 꽃을 옆으로 밀어 트레이로 옮겨주세요.

14. 트레이에 올려진 앙금 꽃입니다.

    notice 꽃가위의 두 날을 완전히 분리해 깔끔하게 씻어서 보관하세요.

TOOLS

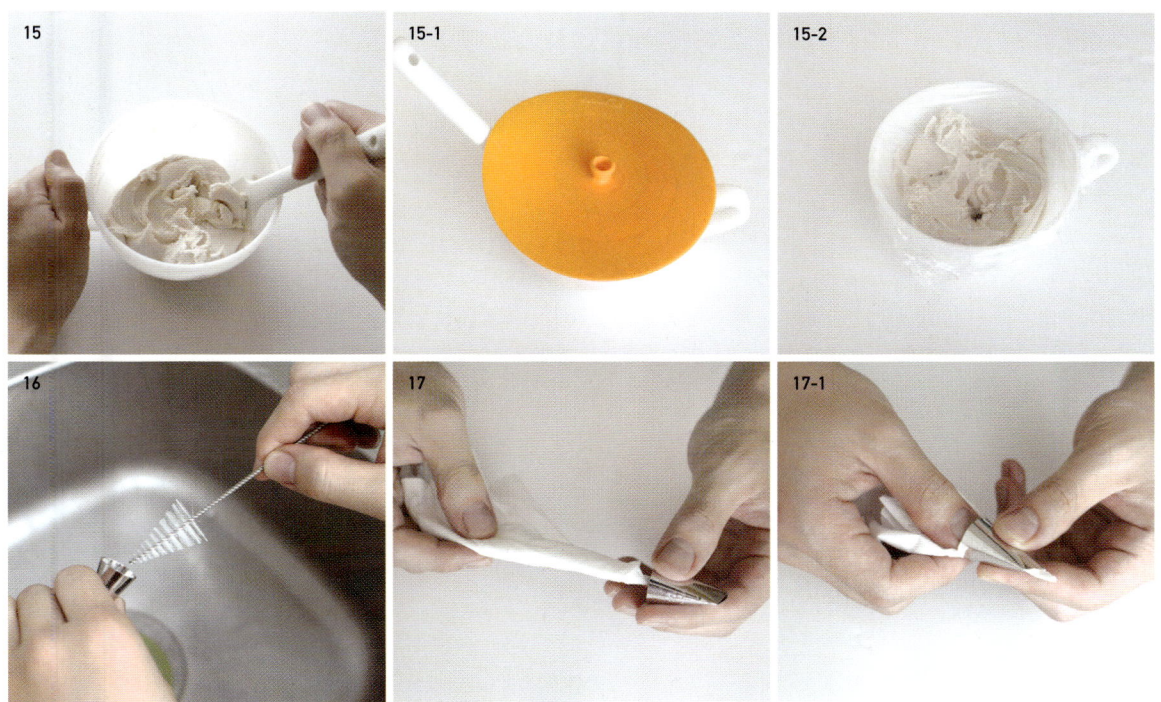

15. 앙금을 사용하지 않을 때는 뚜껑을 덮거나 랩을 감아서 보관해야 마르지 않아요. 이때 보관 기간은 5~7일을 넘기지 않도록 하세요. 한번 뜬 것은 상하기 전에 최대한 빨리 사용하는 것이 좋아요.

16. 팁은 구멍이 아주 작아서 세척하기가 쉽지 않아요. 아주 작은 브러시를 이용하면 깨끗하게 닦을 수 있답니다.

17. 티슈 등으로 팁과 네일의 물기를 완전히 닦아내고 보관해야 녹슬지 않고 오래 사용할 수 있어요.

FLOWERCAKE

6

파이핑하기

본격적으로 꽃을 만들기 전에 기본적인 파이핑 훈련을 해볼까요. 힘 조절에 따른 잎의 변화, 팁의 각도, 파이핑의 기초인 기둥 만들기 등을 알아볼 거예요. 간단해 보여도 알고 시작하는 것과 모르고 시작하는 것은 굉장히 다른 결과를 나타냅니다. 기본적인 훈련을 익혀두면 이해하기도 쉽고 훨씬 더 편하게 작업할 수 있어요.

| 팁을 잡는 각도 |

1. **12시 방향** : 몸을 기준으로 팁의 윗부분이 12시 방향으로 세워진 상태를 말해요.
2. **10~11시 방향** : 몸을 기준으로 팁의 윗부분이 11시 방향으로 기울어진 상태를 말해요.
3. **1~3시 방향** : 몸을 기준으로 팁의 윗부분이 1~3시 방향으로 기울어진 상태를 말해요.

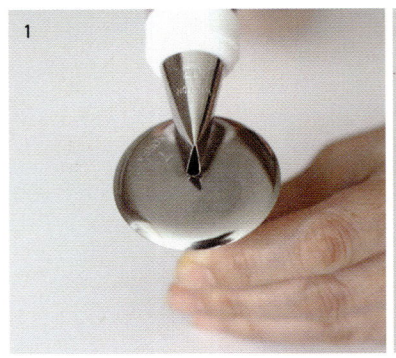 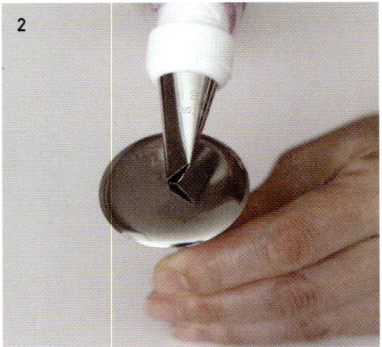 

TOOLS

| 기둥 만들기 |

1. **납작한 기둥** : 팁을 누르듯이 한 바퀴 반 정도 동그랗게 짜주세요. 기둥이 평평해야 꽃을 균형 있게 만들 수 있습니다. 기둥 한쪽이 올라가면 꽃의 균형이 맞지 않게 되니 주의합니다.

2. **높은 기둥** : 팁을 누르듯이 동그랗게 만든 다음 두껍게 시작해서 점점 얇게 짜주세요. 마무리는 뾰족하지 않고 평평하게 해주세요. 기둥이 똑바로 서야 꽃이 기울어지지 않습니다.

FLOWERCAKE

| 바짝 대기(밀착) |

팁을 기둥에 바짝 붙이는 것(밀착하는 것)은 파이핑에서 매우 중요한 부분이에요. 올바르게 밀착해야 하나씩 만든 꽃잎이 떨어지지 않고 잘 만들어진답니다. 팁을 제대로 붙이지 않으면 꽃잎이 낮아지고 위에서 보면 구멍이 생길 수 있습니다.

잘못된 예

| 균형 |

파이핑의 기초 단계에서는 균형 잡힌 꽃을 만드는 훈련을 해야 해요. 파이핑이 익숙해지면 잎이 일정하지 않은 자연스러운 꽃을 만들어도 되지만, 처음에는 일정하게 균형 잡힌 꽃을 만들어야 빨리 손에 익힐 수 있답니다.

잘못된 예

MAKING

| 힘 조절 |

힘 조절을 잘해야 잎이 갈라지지 않아요. 힘을 제대로 주지 않으면 잎이 갈라지고 입체적인 꽃의 경우 기둥 자체가 쓰러질 수 있어요. 처음 파이핑을 할 때는 힘주는 연습을 하면서 최대한 갈라지지 않도록 깔끔하게 만들어주세요.

① 선 연습하기

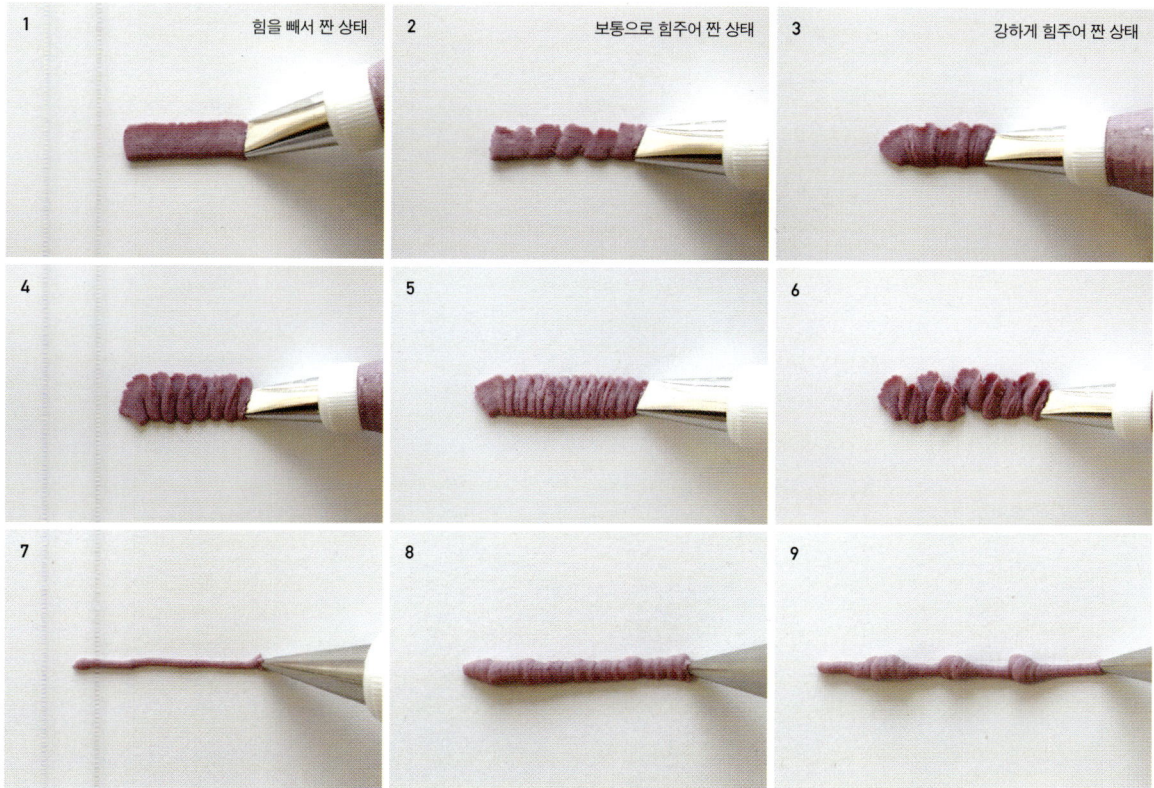

1. 힘을 주어서 일자로 만들어주세요.
2. 힘을 빼서 일자로 만들어주세요.
3. 힘을 세게 주어 누르듯이 만들어주세요.
4. 위아래로 올렸다가 내리면서 주름을 만들어주세요.
5. 옆으로 누르면서 주름을 만들어주세요.
6. 불규칙하게 위아래로 올렸다 내리면서 주름을 만들어주세요.
7. 3번 팁으로 힘주어 일자로 만들어주세요.
8. 3번 팁으로 힘을 세게 주어 두껍게 만들어주세요.
9. 3번 팁으로 힘을 세게 주었다가 뺐다 하면서 일자로 만들어주세요.

② 납작한 꽃
파이핑할 때 힘을 주지 않으면 꽃잎이 갈라질 수 있어요.

| 힘을 주었을 때 | 힘을 주지 않았을 때 |

② 입체적인 꽃
파이핑할 때 힘을 주지 않으면 꽃잎이 갈라지거나 쓰러질 수 있어요.

힘을 주었을 때 　　　　　　　　힘을 주지 않았을 때

MAKING

| 글씨 쓰기 |

1. **글씨** : 플라워케이크에서 글씨는 주로 케이크 판이나 케이크 위에 쓰기 때문에 크면 예쁘지 않아요. 작고 길게 써야 예쁘고, 글자를 붙여 써야 전체적인 크기가 작아져요.

2. **하트 만들기** : 대각선 방향으로 누르듯이 원을 짜고 점점 힘을 빼면서 가볍게 가운데로 내리세요. 반대편도 같은 방법으로 만들어서 아래쪽 가운데를 뾰족하게 만들어주세요. 글씨 옆이나 위에 작은 하트를 그려 넣으면 훨씬 더 귀엽답니다.

보자기케이크 도구

TOOLS

화려한 디자인으로 많은 사랑을 받는 보자기케이크를 만들 때 필요한 도구예요. 장식이 화려해 보이지만 앙금이라 다 먹을 수 있어요. 여기서는 보자기케이크의 도구에 대해 알아보고 만드는 방법은 118쪽에서 알아볼게요.

1. 베이킹 매트
반죽을 만들 때 바닥에 깔아줘요. 반죽이 바닥에 들러붙지 않고 깔끔하게 작업할 수 있어요.

2. 스크래퍼
반죽을 자를 때 사용합니다.

3. 밀대
반죽을 밀 때 사용합니다.

4. 슈가 건
수술을 만들 때 사용해요. 앙금 반죽을 안에 넣고 손잡이를 잡아 누르면 국수같이 얇고 길쭉한 수술이 나와요.

5. 노리개 몰드
노리개를 만들 때 사용하는 식용 실리콘 몰드입니다.

6. 세필 붓
나비나 라인을 그릴 때 사용해요.

7. 나비 커터
보자기케이크 위에 나비 장식을 하기 위해 사용해요.

8. 마지 팬
일자 모양이나 동그라미 등 반죽에 모양을 낼 때 사용해요.

9. 식용 펜
보자기케이크에 글씨를 쓸 때 사용해요.

10. 꽃 커터
꽃장식을 만들 때 사용해요.

11. 골드 색소
금색을 표현할 때 사용해요.

12. 원형 커터
곰돌이 입을 만들 때 사용해요.

FLOWERCAKE

TOOLS

8

재료

한식 케이크를 만들 때 사용하는 재료예요. 보자기케이크 반죽은 강력분, 박력 쌀가루, 춘설앙금을 섞어 만들고 앙금 꽃은 춘설앙금과 백옥앙금을 섞어서 만들어요. 떡 케이크는 습식 멥쌀가루, 물, 설탕으로 만든답니다.

1. 앙금
이 책에서 많이 다루는 앙금은 춘설앙금과 백옥앙금이에요. 두 가지 앙금은 섞어서 크림을 만들 때 사용하고 보자기케이크 커버링을 만들 때는 춘설앙금만 사용해요. (118쪽) 앙금 크림에 사용하는 춘설앙금은 단단해서 모양을 내기 수월하고 백옥앙금은 너무 부드러워 끊어지기 쉬우니, 섞어서 사용하면 좋아요. (036~038쪽 참고)

2. 박력 쌀가루
앙금을 반죽할 때 사용하는 재료로 앙금이 잘 뭉치게 해요. 반면에 떡을 만들 때 사용하는 습식 멥쌀가루는 글루텐이 없어 뭉치지 않아요. 앙금과 박력 쌀가루, 그리고 강력밀가루를 섞어서 보자기 케이크에 사용할 앙금 반죽을 만들어요.

3. 강력 밀가루(강력분)
앙금 반죽에 박력 쌀가루와 함께 넣는 재료로 반죽을 잘 뭉치게 합니다.

4. 습식 멥쌀가루
떡 케이크를 만들 때 사용하는 쌀가루로 물에 불린 다음 갈아서 만들어요. 건식 멥쌀가루는 건조한 상태로 갈아 만드는데 실온 보관이 가능하고 마트에서 쉽게 구할 수 있지만 건조하기 때문에 떡을 만들 때 습식보다 물이 5배 이상 많이 들어가고 잘 뭉치지 않아요. 떡 케이크용으로는 습식 멥쌀가루가 좋은데 건식보다 훨씬 맛이 좋지만 쉽게 상하니 반드시 냉동 보관해야 해요. 당연히 해동할 때도 시간이 걸려요.

FLOWERCAKE

9

앙금 반죽 만들기

앙금과 박력 쌀가루, 강력밀가루를 섞어서 앙금 반죽을 만들어요. 앙금 반죽은 보자기케이크(118쪽)와 동물 케이크(082, 090쪽)를 만들 때 사용해요. 반죽을 만들 때는 부드러운 백옥앙금 대신 단단한 춘설앙금을 사용해야 찢어지지 않고 탄력 있는 반죽을 만들 수 있어요. 찰흙과 비슷한 질감이 만들어지면 되요.

INGREDIENTS

재료
춘설앙금 300g, 박력 쌀가루 24g, 강력분 8g,
쇼트닝 2g

1. 춘설앙금을 준비하고 박력 쌀가루를 넣어요.

2. 강력분을 넣고 가루가 안 보이고 하나로 뭉쳐질 때까지 주물러요.

MAKING

3. 반죽을 두세 덩어리로 나눠서 25분간 쪄주세요. 너무 크면 익는 데 오래 걸리니 반죽을 분할해서 익혀요. 찜솥의 물이 끓으면 찜기를 올려 25분간 찝니다.

4. 베이킹 매트 위에 쇼트닝을 조금 덜어주세요. 너무 많이 넣으면 반죽이 딱딱해지고 갈라질 수 있으니 2g 정도 준비해요.

5. 3이 잘 익으면 반죽을 꺼내 쇼트닝과 함께 주물러줍니다. 뜨거우니 떡 장갑을 끼고 작업하세요.

6. 반죽이 찰흙 같은 질감으로 어느 정도 탱탱하게 만들어지면 지퍼백에 넣어 밀봉합니다. 그대로 두면 반죽이 마르니 반드시 밀봉해주세요.

   notice 반죽은 미리 만들어 준비해도 됩니다. 냉동 보관했다가 전자레인지에 1분, 30초, 20초 등 끊어서 돌려주세요. 한 번에 돌리면 열을 확 받아서 반죽이 탈 수 있어요. 시간이 없을 때는 색까지 입혀서 냉동해도 괜찮아요. 냉장고에 넣으면 굳기 쉬우니 꼭 냉동 보관해주세요.

FLOWERCAKE

10

앙금 크림 만들기

앙금 꽃을 짤 때 쓰는 크림으로, 전에는 백옥앙금만 사용했어요. 지금은 단단한 춘설앙금과 부드러운 백옥앙금을 적정한 비율로 섞어서 최적의 크림을 만들어요. 개인적으로는 춘설앙금과 백옥앙금의 비율을 주로 7:3 혹은 6:4로 섞어 사용해요. 이것은 정해진 것은 아니고 사용하는 사람에 따라 다른데 팔 힘이 없다면 백옥앙금의 비율을 늘리고 너무 부드럽다고 느껴지면 춘설앙금을 늘려 사용해 주세요.

INGREDIENTS

재료
백옥앙금, 춘설앙금, 화이트 색소 약간

도구
볼, 볼 뚜껑, 깔끔이 주걱, 핸드믹서

1. 원하는 비율로 춘설앙금과 백옥앙금을 볼에 각각 담아 주세요.

2. 화이트 색소를 넣어 주세요. 그냥 사용해도 되지만 앙금이 진한 아이보리 색이라 다른 색소를 섞어 색을 만들 때 조금 탁하게 만들어져요. 흰색 앙금으로 만든 후에 다른 색을 입히면 좀 더 밝아집니다.

3. 핸드믹서나 주걱으로 섞어 앙금 크림을 완성합니다. 그대로 두면 마르기 쉬우니 뚜껑이나 비닐을 덮어 보관합니다.

   notice 만들어서 꽃을 짰는데 너무 질다면 춘설앙금을 더 넣고, 너무 되직하다면 백옥앙금을 넣어 질감을 조절합니다. 백옥앙금 대신 물을 넣어도 돼요.

MAKING

11

습식 멥쌀가루 만들기

눈처럼 곱고 보송보송한 쌀가루. 멥쌀가루를 한 움큼 쥐면 정말 눈을 만지는 것 같아요. 요즘은 방앗간이나 떡집에서 판매하고 인터넷으로도 쉽게 구할 수 있지만 직접 만든 쌀가루로 보다 정성 가득한 떡 케이크를 만들어보는 것은 어떨까요?

INGREDIENTS

재료	도구
흰쌀 3kg, 물(쌀이 잠길 정도)	쌀 담을 볼, 체, 계량컵, 비닐봉지

1. 흰쌀을 볼에 담고 물을 부어주세요. 물의 양은 쌀이 잠길 정도로 쌀보다 조금 높아야 해요. 여름에는 6시간, 겨울에는 12시간 정도 불려주세요.

    notice 시간이 지나면서 쌀이 점점 불어나니 조금 넉넉한 볼을 사용하세요.

2. 불린 쌀을 체에 담아 30분 정도 물을 빼주세요.

3. 방앗간에서 쌀을 빻아주세요.

    notice 소금 간만 해야 합니다. 방앗간에서 미리 물주기를 하면 다양한 재료를 넣을 수 없습니다.

    notice 물주기란 쌀가루에 물을 먹이는 것입니다. 물이 골고루 퍼지도록 쌀가루를 비빈 다음 손으로 뭉쳐서 던졌을 때 부서지지 않으면 물주기가 잘된 것이에요.

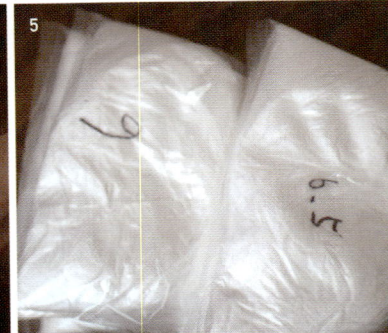

4. 계량컵으로 원하는 만큼 조금씩 나눠서 비닐봉지에 넣어주세요.

    notice 방앗간에서 가져오자마자 작업해야 합니다. 쌀가루는 물에 불린 것이어서 쉽게 상할 수 있답니다.

    notice 1호 사이즈 케이크와 컵 설기 4개를 가장 많이 만들기 때문에 6.5컵이나 4.5컵씩 나눌 것을 권장합니다. 1컵당 약 80~85g으로 1호 크기가 6컵이니 여유 있게 6.5컵, 컵 설기는 1개당 1컵 정도이니 여유 있게 4.5컵으로 나눕니다.

5. 펜으로 분량을 적어두면 훨씬 편리합니다.
6. 납작하게 펴서 넣으면 깔끔하게 보관할 수 있어요.
7. 냉동실에 넣어두었다가 떡 케이크를 만들기 하루 전날 냉장실로 옮겨놓습니다. 몇 시간 뒤에 사용할 것이라면 실온에서 해동합니다.

    notice 쌀가루는 쉽게 상하니 꼭 냉동 보관합니다.

PART

1

디 자 인 이 살 아 있 는

**떡
만 드 는 기**

한식 케이크에서 장식을 받쳐주는 떡은 다른 케이크와 마찬가지로 '떡 시트'라고 부릅니다. 백설기가 기본이 되는 떡 시트는 만들 때 무엇을 추가하는가에 따라 여러 가지 맛을 낼 수 있어요. 여기서는 기본 설기와 함께 흑임자로 만든 지브라 떡 시트, 녹차 가루를 넣어 멋을 낸 레이스 시트를 만들어 봤어요. 또한 2단 케이크부터 절편 케이크, 여러 가지 맛이 있는 조각 케이크 등 다양한 떡 시트에 대해 알아봅니다.

FLOWERCAKE

RICE CAKE MAKING

1
백설기 떡 케이크
Steamed White Rice Cake

쌀가루에 어떤 색소나 재료도 첨가하지 않은 하얀 백설기는 화려한 장식을 돋보이게 하는 떡이에요. 묵직하기 때문에 장식이 가득 올라가도 잘 받쳐줍니다. 대부분의 사람이 즐기기 때문에 선물용으로도 좋아요. 다만 시간이 지날수록 굳어지니 꼭 만든 날 먹는 것을 추천해요. 달걀이나 글루텐이 들어가지 않아 건강한 디저트로 좋고 떡 안에 완두배기나 잼, 견과류 등을 넣어 다양한 맛을 내도 좋아요.

INGREDIENTS

재료(1호 사이즈 기준)
습식 멥쌀가루 6컵, 물 6~8T(상태에 따라 추가 가능), 설탕 6~7T

도구
찜기, 찜 솥, 키친타월 1장, 시루밑(실리콘 매트), 무스링 1호(15×7), 계량스푼(15ml), 중간체, 볼, 넓은 쟁반(혹은 떡 뒤집개), 무스띠(높이6.5cm 이상)

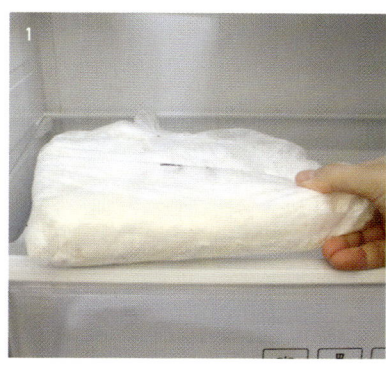 

1. 냉동 보관했던 습식 멥쌀가루를 하루 전에 냉장고로 옮기고 사용하기 1~2시간 전에 냉장고에서 꺼내 완전히 해동합니다.

    notice 냉장고에서 꺼내고 완전히 해동하지 않으면 떡을 만들었을 때 속이 익지 않으니 주의합니다. 냉장고로 옮기는 것을 잊어버렸다면 전자레인지에 30초씩 끊어가며 해동합니다. 너무 많이 돌리면 쌀가루가 익을 수 있으니 찬 기운이 없어질 때까지만 돌려줍니다.

2. 찬 기운 없는 상태의 멥쌀가루를 준비합니다.

FLOWERCAKE

3. 떡을 찌기 전에 찜 솥에 물을 반 정도 넣고 뚜껑을 덮은 후 끓여주세요.

    notice 스테인리스 찜기일 경우 뚜껑에 면보를 묶습니다. 인덕션을 사용하는 경우 인덕션에 맞는 찜 솥을 사용해주세요. 13에서 필요한 과정이지만 시간을 고려해 먼저 진행합니다.

4. 멥쌀가루에 계량스푼으로 준비한 물을 넣어주세요. 쌀가루 전체에 물이 골고루 퍼지도록 손으로 잘 비벼주세요. 여기까지가 물주기 과정이에요.

5. 손으로 비비면서 한 번씩 쌀가루를 쥐었다가 살짝 던져보세요. 이때 부서지지 않고 잘 뭉쳐져야 해요. 많이 부서지면 물을 1~2T 더 추가하세요.

6. 5를 체에 담고 체를 들어서 치지 말고 손으로 눌러가며 쌀가루를 내려주세요.

RICE CAKE MAKING

7. 쌀가루에 설탕을 넣고 섞어주세요. 설탕의 양은 기호에 따라 가감해요.

   point 지금부터는 쥐거나 누르지 않습니다. 그 부분만 익지 않아요.

   notice 계량스푼으로 설탕을 6~7T 넣어줍니다. 적거나 많이 넣으면 맛이 달라집니다.

8. 찜기에 키친타월 한 장과 시루밑을 깔고 무스링을 올립니다. 무스링에 멥쌀가루를 조금씩 넣어줍니다. 손톱 끝으로 무스링 옆을 치는 느낌으로 무스링 옆면까지 꼼꼼하게 잘 넣어줍니다.

   notice 쌀가루를 성글게 채우면 무스링을 제거할 때 금이 가거나 쌀가루가 무너질 수 있으니 촘촘하게 채워줍니다. 너무 꾹꾹 누르거나 두드리면 그 부분만 익지 않을 수 있습니다.

FLOWERCAKE

9. 스크래퍼를 눕혀서 끝을 무스링에 대고 다른 손으로는 찜기를 가볍게 돌리며 쌀가루 표면을 평평하게 만듭니다. 스크래퍼를 너무 세우면 아무리 돌려도 자국이 남으니 스크래퍼가 쌀가루에 거의 안 닿는다고 생각하고 작업합니다.

10. 무스링을 양손으로 잡고 위, 아래, 오른쪽, 왼쪽으로 아주 천천히 조금씩 살살 밀어 쌀가루와 무스링 사이에 틈을 만듭니다.

    notice 틈이 너무 작으면 무스링을 제거할 때 쌀가루가 무너질 수 있으니 무스링을 꺼낼 수 있을 정도의 간격을 만들어주세요. 떡에 금이 가지 않도록 조심합니다.

11. 천천히 무스링을 들어 올려 한 번에 빼냅니다.

    notice 떡을 찐 다음 무스링을 빼면 케이크 옆면에 쌀가루가 묻어서 깔끔하지 않아요.

RICE CAKE MAKING

12. 2에서 준비한 물이 팔팔 끓으면 찜기를 올리고 뚜껑을 덮어 센 불에서 25분간 찝니다. 시간이 되면 불을 끄고 5~10분간 뜸을 들입니다.
   notice 떡이 잘 익도록 찜기와 찜 솥 사이, 찜기와 뚜껑 사이에 틈이 있는지 확인해 주세요.

13. 12 위에 시루밑과 평평한 접시를 올리고 잘 잡고 찜기 째 뒤집습니다.

14. 뒤집은 찜기를 들어내고 떡 케이크 아래에 붙어있는 키친타월과 시루밑을 떼주세요. 그 위로 케이크 받침판을 뒤집어 떡 케이크 중앙에 올립니다. 다시 뒤집어 줍니다.

15. 떡 케이크가 조금 식으면 무스띠를 떡 케이크 옆면에 감아 타이트하게 당겨서 붙입니다. 그리고 마르지 않도록 젖은 면보를 올리거나 비닐로 밀봉합니다.

FLOWERCAKE

RICE CAKE MAKING

2
흑임자 잼 떡 케이크
Black sesame Jam Rice Cake

백설기 떡 케이크 속에 어떤 재료를 넣는가에 따라 훨씬 풍요로운 맛을 낼 수 있어요. 간단하게 단호박 잼, 흑임자 잼을 넣을 수 있고 시중에서 구입한 딸기잼으로도 색다른 변신이 가능해요. 여기서는 흑임자 잼을 만들어 봤어요. 황홀한 맛에 비해 만드는 법도 간단하니 꼭 만들어보세요! 초코칩, 완두배기, 팥배기, 고구마를 이용한 잼, 살구 잼, 크림치즈, 다진 견과류, 오레오 분태 등을 사용해도 좋아요.

INGREDIENTS

재료
흑임자가루 160g, 우유 150g, 무가당 동물성 생크림 100g, 설탕 100g, 039쪽의 백설기용 쌀가루

도구
주걱, 냄비, 병, 볼

1. 냄비에 모든 재료를 넣고 섞어 센 불로 끓여줍니다.
2. 주걱으로 계속 젓고 내용물이 끓으면 불을 약 불로 줄여주세요.

3. 주걱으로 잼을 들어 올렸을 때 주르륵 흐르지만, 물 같은 액체 상태를 지나 조금 뭉친다면 불을 꺼주세요.

    notice 잼은 시간이 지나면서 질감이 좀 더 되직해지기 때문에 너무 되직할 때까지 끓이지 않아요. 주걱에서 주르륵 흐르는 정도면 불을 꺼주세요.

4. 뜨거운 잼을 다른 볼에 담아 식혀줍니다.

5. 병에 담아 냉장 보관합니다. 한 달 정도 두고 먹을 수 있지만, 최대한 빨리 먹을 것을 추천해요.

6. 045쪽의 1~8을 참고하여 무스링에 쌀가루를 반 정도 채우고 평평하게 만들어 주세요. 좋아하는 잼을 준비해요..

    notice 잼은 수분이 많아 너무 큰 덩어리를 올리면 쌀가루가 젖어서 떡을 만들었을 때 맛이 없어져요. 손가락 한 마디보다 크지 않도록 합니다.

RICE CAKE MAKING

7. 떡 케이크 위에 손가락 한 마디 정도 크기로 잼을 조금씩 덜어 올립니다. 서로 붙지 않도록 주의해야 해요. 그 위로 쌀가루를 올리고 049쪽을 참고해 떡을 쪄 줍니다.

8. 완성 후 떡 케이크 단면을 자르면 떡 가운데에 잼이 군데군데 들어있어요.

tip. 단호박 잼 만들기

재료 찐 단호박 1~2T, 설탕 0.5-1T, 볼, 주걱

단호박을 쪄서 설탕과의 비율을 2:1로 준비해 주걱으로 섞어주세요.

<u>notice</u> 찐 단호박은 수분이 많은데 여기에 설탕을 넣으면 수분이 더 많아집니다. 미리 만들어 놓으면 질어지기 쉬우니 쌀가루를 체로 치고 설탕을 넣기 전에 단호박 잼을 만들어주세요.

FLOWERCAKE

RICE CAKE MAKING

3
돔 케이크
Dome Rice Cake

돔 케이크는 돼지 케이크(090쪽), 곰돌이 케이크(082쪽) 등 동물 모양 떡 케이크를 만들 때 사용합니다. 12간지 종류를 활용해 생일 케이크를 만들 때도 아주 유용해요. 원형 무스링으로도 돔 케이크를 만들 수 있지만 떡 케이크 윗면이 거칠 수 있어요. 여기서는 돔형 팬을 이용해 떡 케이크를 만들어 표면이 매끈하답니다. 커버링 할 때도 깨끗하게 만들 수 있어요.

INGREDIENTS

재료(1호 사이즈 기준)
습식 멥쌀가루 6.5컵,
물 6~8T(상태에 따라 추가 가능),
설탕 6~7T

도구
돔 팬(지름 15cm), 찜기, 찜 솥, 키친타월 1장, 시루밑(실리콘 매트), 계량스푼(15ml), 중간체, 볼

1. 045쪽의 1~8을 참고하여 멥쌀가루를 돔 팬 안에 넣어줍니다.
2. 멥쌀가루를 집어 뿌리듯 천천히 넣어요. 옆면도 꼼꼼하게 넣어주세요.
   notice 떡 케이크 속이 익지 않을 수 있으니 꾹꾹 누르지 않아요.

FLOWERCAKE

3. 돔 팬 가득 습식 멥쌀가루를 채우고 스크래퍼로 평평하게 만듭니다. 팬 끝까지 채워 넣지 않고 조금이라도 공간이 남으면 팬을 제거할 때 떡이 갈라질 수 있어요. 살짝 쌀가루를 더 넣는다는 느낌으로 넣어주세요.

4. 팬 위로 시루밑과 키친타월 1장을 올리고 찜기를 뒤집어 올립니다.

5. 돔 팬과 찜기를 함께 잡고 천천히 뒤집어 줍니다. 돔 팬을 천천히 빼냅니다.

   notice 팬을 빼는 과정에서 조금이라도 흔들리거나 쌀가루를 골고루 넣지 않았거나 꽉 차게 넣지 않으면 갈라지기 쉬워요. 쌀가루를 다시 빼서 처음부터 다시 작업할 수 있지만, 이미 설탕까지 다 넣은 쌀가루는 팬에 집어넣는 과정이 반복되면 쌀가루가 떡져서 몽글몽글해져요. 그러면 표면이 매끈하지 않고 찌고 나서도 떡이 금방 딱딱해집니다.

RICE CAKE MAKING

6. 앙금 반죽과 쌀가루를 찜기에 넣고 찝니다. 한 번에 넣어야 하니 돔 팬 위에 찜기를 올릴 때부터 가운데가 아닌 한쪽에 놓아주세요. 찜 솥 안에 물이 팔팔 끓으면 찜기를 올려 25분간 찝니다.

7. 떡이 익으면 찜기를 솥에서 내리고 가장 먼저 앙금 반죽을 지퍼백에 넣어 줍니다. 떡만 있는 찜기에 뚜껑을 닫고 다시 5분간 뜸을 들입니다. 물기가 전혀 없는 돔 팬을 완성된 떡 위로 올려 덮습니다. 찜기와 함께 뒤집어 찜기를 빼줍니다.

8. 049쪽을 참고해 떡 케이크를 케이크 받침판에 옮깁니다.

9. 돔 팬을 빼냅니다. 동물 케이크를 만들 때 사용하는 돔 형태의 떡 케이크예요.

RICE CAKE MAKING

4
레이스 설기
Lace Steamed Green-tea Rice Cake

동그란 레이스를 넣어 귀엽고 청순한 멋을 내보세요. 한 가지 주의할 점은 너무 흐린 색으로 만든 레이스는 잘 보이지 않는다는 거예요. 레이스가 눈에 띄려면 블루베리나 흑임자, 비트 등 강한 색으로 만드는 것이 좋아요!

INGREDIENTS

재료(1호 사이즈 기준)
기본 백설기 멥쌀가루 1.8컵, 물 2~2.5T(상태에 따라 추가 가능), 설탕 2~3T
녹차 설기 멥쌀가루 4.2컵, 우유 4~6T(상태에 따라 추가 가능), 설탕 4~5T, 녹차 가루 2.5~3.5T

도구
찜솥, 찜기, 실리콘 매트, 무스링 1호(15×7), 무스띠, 케이크 칼, 면보, 스텐볼, 중간체, 계량컵(200ml), 계량스푼(15ml), 케이크 판

1. 떡을 찌기 전에 먼저 면보로 감싼 뚜껑을 덮고 물부터 끓입니다.
   notice 스테인리스 찜기일 경우 뚜껑에 면보를 묶습니다.
2. 백설기와 녹차 설기에 쓸 쌀가루를 나눠서 담아주세요.

3. 백설기 쌀가루에 물을 넣고 비벼 체에 내린 후 설탕을 넣지 않고 그대로 둡니다. 미리 설탕을 넣으면 녹으면서 쌀가루가 뭉치므로 레이스 모양을 만든 다음 설탕을 섞는 것이 좋아요.

4. 나머지 쌀가루에 녹차 가루를 넣고 손으로 섞어주세요.

5. 046쪽을 참고해 4에 우유로 물주기를 합니다.

6. 5를 손으로 잘 비비고 체에 내린 다음 설탕을 넣고 섞어주세요.

7. 찜기에 실리콘 매트를 깔고 무스링을 올린 다음 6을 넣고 스크래퍼로 평평하게 정리해 주세요.

8. 계량스푼을 세워서 무스링 벽을 타고 천천히 눌러 내렸다가 다시 천천히 빼내 레이스 모양을 만들어주세요. 여기서는 5ml 계량스푼을 사용했어요.

   notice 스푼을 빨리 넣거나 빼면 쌀가루가 갈라지거나 무너질 수 있으니 주의합니다.

9. 간격을 맞춰 동그랗게 레이스 모양을 만들어주세요.

10. 3에도 설탕을 넣고 섞어주세요.

11. 9 위로 10을 조심스럽게 부은 다음 스크래퍼로 정리하세요.

12. '백설기 만들기'(047쪽) 9~12를 참고해 떡을 찌고 꺼내서 무스링을 제거하고 떡을 찐 뒤 무스띠를 감아주세요.

FLOWERCAKE

RICE CAKE MAKING

5
조각 케이크
Piece Rice Cake

조각 케이크는 가족과 함께 다양한 맛을 하나하나 맛보는 재미가 쏠쏠하답니다! 케이크는 남은 것을 보관하기가 어려운데 조각 케이크는 나눠져 있어서 먹을 때도 좋고 보관하기도 쉬워요. 각각 다른 맛의 조각 케이크를 만들기가 번거롭다면 그냥 백설기에 칼집을 내기만 해도 훌륭한 간식이 된답니다.

INGREDIENTS

재료(미니 사이즈 기준)
멥쌀가루 4컵, 물 5~6T(상태에 따라 추가 가능), 설탕 4~5T

도구
칼, 찜솥, 찜기, 실리콘 매트, 무스링 미니(12×7), 무스띠, 스크래퍼, 면보, 스텐볼, 중간체, 계량컵(200ml), 계량스푼(15ml), 케이크 판

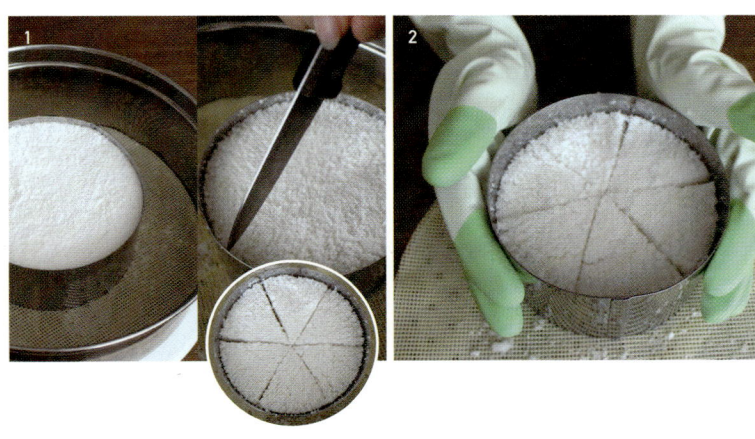

1. '백설기 만들기'(045쪽) 1~8의 과정을 참고해 무스링 속에 쌀가루를 넣고 평평하게 다듬은 다음, 칼끝을 무스링에 살짝 대고 위에서 밑으로 내리면서 잘라주세요. 총 6등분으로 자릅니다.

    notice 이때 천천히 조심스럽게 칼집을 냅니다. 급하게 자르면 쌀가루가 무너지거나 갈라질 수 있습니다.

2. '백설기 만들기'(047쪽) 9~12의 과정을 반복해서 마무리합니다.

RICE CAKE MAKING

6
지브라 설기
Rice Cake with Zebra Pattern

자연스러우면서도 고급스러운 무늬를 만들고 싶다면 지브라 설기를 만들어보세요. 여기서는 흑임자를 사용했지만 색이 짙은 블루베리나 녹차를 사용해도 됩니다. 백설기와 흑임자 설기를 불규칙하게 넣어 지브라 모양을 만들 수 있어요. 이때 중요한 것은 '불규칙적인 무늬'예요. 어떤 부분은 매우 얇게, 어떤 부분은 두껍게, 높이 넣었다가 낮게 넣어주기도 해야 훨씬 자연스럽고 예쁜 무늬가 나온답니다. 옆면이 보이는 것이니 가운데는 신경 쓰지 않아도 됩니다.

INGREDIENTS

재료(1호 사이즈 기준)
흑임자 설기 멥쌀가루 3컵, 흑임자 가루 3T, 물 4~6T(상태에 따라 추가 가능), 설탕 3~4T
백설기 멥쌀가루 3컵, 물 3~5T(상태에 따라 추가 가능), 설탕 3~4T

도구
찜솥, 찜기, 실리콘 매트, 무스링 1호(15×7), 무스띠, 스크래퍼, 면보, 스텐볼, 중간체, 계량컵(200ml), 계량스푼(15ml), 케이크 판

1. 면보를 감싼 뚜껑을 덮고 물부터 끓여주세요.
   notice 스테인리스 찜기일 경우 뚜껑에 면보를 묶습니다.
2. 백설기와 흑임자 설기를 만들 멥쌀가루를 나눠서 준비하세요.

3. '백설기 만들기'(044쪽)를 참고해 체에 내린 다음 설탕을 넣지 않고 그대로 둡니다.
4. 나머지 쌀가루에 흑임자 가루와 물을 넣고 손으로 비벼주세요.
5. 4를 중간체에 두 번 내리고 설탕을 섞어주세요.
6. 3의 백설기 쌀가루에도 설탕을 넣고 섞어주세요.
7. 찜기에 실리콘 매트를 깔고 가운데 무스링을 올려주세요.

RICE CAKE MAKING

8. 흑임자 쌀가루와 백설기 쌀가루를 번갈아 넣어주세요.

   notice 지브라 모양이 나올 수 있도록 어떤 부분은 얇게 어떤 부분은 두껍게 불규칙적으로 넣어줍니다. 무스링의 가운데 부분은 신경 쓰지 않아도 됩니다.

9. 스크래퍼로 평평하게 다듬어주세요.

10. 찜솥의 물이 팔팔 끓으면 찜기를 올리고 면보를 감싼 뚜껑을 닫은 다음 가장 센 불로 25분간 쪄주세요.

11. '백설기 만들기'(048쪽) 10~12를 참고해 케이크 판으로 옮기고 무스띠를 감아주세요.

RICE CAKE MAKING

7
컵 설기 만들기
Cup Rice Cake

떡 케이크를 먹고 싶은데 양이 부담스럽다면 컵 설기를 만들어보세요. 밀가루 케이크는 소량을 만들기 어렵지만, 컵 설기는 1개에 쌀 1컵, 3개에 쌀 3컵으로 분량이 명확해서 편리하답니다. 컵 설기는 간단하게 먹기도 좋고 아기자기해서 선물하기도 좋아요.

INGREDIENTS

재료
멥쌀가루 2컵, 물 3~4T(상태에 따라 추가 가능), 설탕 2~3T

도구
찜솥, 찜기, 실리콘 매트, 실리콘 컵, 유산지 컵, 면보, 스텐볼, 중간체, 계량컵(200ml), 계량스푼(15ml)

1. '백설기 만들기'(045쪽) 1~6을 참고해 쌀가루를 준비하세요.
2. 실리콘 컵에 1을 넣어주세요.
   notice 일자 펀치로 실리콘 컵 바닥에 구멍을 몇 개 뚫으면 스팀이 떡 속으로 충분히 들어와서 잘 익고 떡가루가 날리지 않습니다.

FLOWERCAKE

3. 살짝 볼록하게 손으로 다듬어주세요.
   notice 누르거나 두드리면 그 부분만 익지 않으니 가볍게 정리합니다.
4. 3을 찜기에 넣고 25분간 찝니다.
5. 떡장갑을 끼고 컵 설기를 손바닥 위에 뒤집어서 올려주세요.

RICE CAKE MAKING

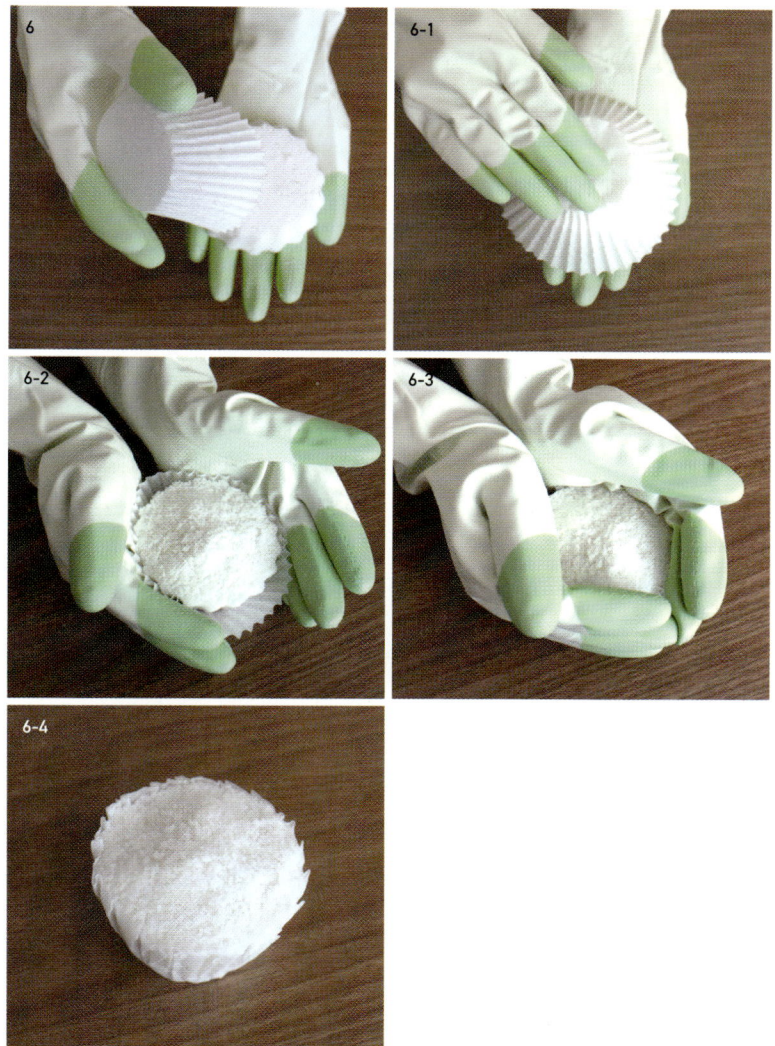

6. 유산지 컵의 밑면을 컵 설기 바닥에 완전히 붙여서 뒤집은 다음 똑바로 놓고 손을 동그랗게 모아서 컵 설기 옆면에 유산지 컵을 붙여주세요.

   notice 떡이 식으면 유산지 컵이 붙지 않으니 따뜻할 때 단단히 붙입니다. 시간이 지나면서 유산지 컵이 떨어질 수 있으니 잘 붙여야 합니다.

RICE CAKE MAKING

8
답례품 미니 컵 설기
Mini Rice Cup Cake

기존의 컵 설기보다 더 작은 미니 컵 설기입니다. 가볍게 먹기 좋아서 답례품으로 선물하기 최고예요. 구겔호프 실리콘 틀에 쌀가루를 넣어 떡을 만들고 원형 화과자 케이스에 쏙 넣어 포장했어요. 떡 위에 올리는 꽃의 높이가 너무 높으면 케이스 뚜껑이 닫히지 않으니 꽃은 너무 높게 짜지 않고 꽃 기둥도 짧게 만듭니다. 하나를 만들어 떡 위에 올려보고 뚜껑이 잘 닫히는지 확인한 다음 나머지도 만들어주세요.

INGREDIENTS

재료	도구	사용한 색	팁 번호
앙금 장미꽃, 쌀가루 3컵 (200g)	미니 구겔호프 실리콘 틀, 원형 화과자 케이스, 찜기, 찜통, 꽃가위	장미: 핑크+브라운 램스이어: 모스그린+브라운	352

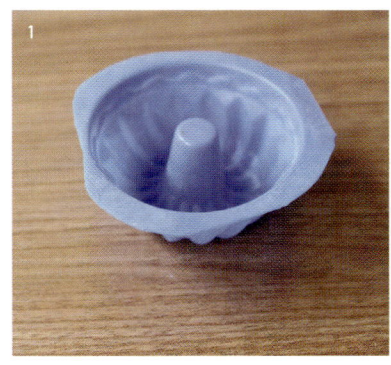 

1. 미니 구겔호프 실리콘 틀을 준비합니다. 여기서는 6개 세트로 된 틀을 하나씩 가위로 잘라서 사용했어요.

    point 미니 구겔호프 실리콘 틀 1개에 쌀가루 40g이 들어가요. 원하는 개수만큼 쌀가루를 준비합니다.

2. 045쪽의 1~8을 참고해 백설기용 습식 멥쌀가루를 준비하고 구겔호프 실리콘 틀에 넣어 평평하게 정리해 주세요. 틀의 가운데를 비워도 되고 채워도 됩니다.

FLOWERCAKE

3. 찜기에 2를 넣고 25분간 찝니다.

4. 5~10분간 뜸을 들이고 틀을 꺼내줍니다.

5. 구겔호프 실리콘 틀을 꺼내 시루밑이나 접시에 뒤집어 놓고 조금 식으면 원형 화과자 케이스에 넣어줍니다.

6. 206쪽을 참고하여 장미를 만들고 꽃가위로 기둥을 잘라줍니다.

   notice 원형 화과자 케이스는 높이가 낮기 때문에 꽃이 너무 높으면 뚜껑이 닫히지 않아요. 반드시 기둥을 끝까지 잘라 꽃을 낮게 만들어 주세요.

RICE CAKE MAKING

7. 장미를 떡 위에 올리고 떡을 살짝 누르는 느낌으로 꽃가위를 빼냅니다.

8. 158쪽을 참고하여 램스이어를 만들고 꽃의 옆이나 아래로 1~2개 꽂아줍니다.
   352번 팁을 이용해서 기본 잎을 1~2개를 짜도 됩니다.
   <u>notice</u> 잎을 너무 많이 넣지 않아요.

9. 원형 화과자 케이스 뚜껑까지 닫아서 완성합니다.

RICE CAKE MAKING

9
절편 케이크
Rice Cake with Jeolpyeon

쫀득한 식감을 매우 좋아하는 우리나라 사람들은 절편 케이크를 매우 좋아해요. 절편에는 설탕이 들어가지 않아 부담 없이 먹을 수 있답니다. 절편은 체에 내릴 필요도 없고 떡을 찌는 시간도 설기보다 짧아 간단하게 만들 수 있어요.

INGREDIENTS

재료(미니 사이즈 기준)
절편 멥쌀가루 4컵, 물 8T(상태에 따라 추가 가능), 백년초 가루, 쑥 가루
백설기 멥쌀가루 4컵, 물 4~6T(상태에 따라 추가 가능), 설탕 4~5T

도구
절편 테프론 시트, 카놀라유, 떡장갑, 비닐장갑, 꽃잎 모양 고명 틀, 랩, 가위, 밀대
백설기 찜솥, 찜기, 실리콘 매트, 무스링 미니(12×7), 무스띠, 스크래퍼, 면보, 스텐볼, 중간체, 계량컵(200ml), 계량스푼(15ml), 케이크 판

1. 쌀가루에 물을 넣어 소보루처럼 조금씩 뭉치게 만들어주세요.
    <u>notice</u> 뭉친 덩어리가 엄지손가락 한 마디보다 크지 않게 합니다. 물을 너무 많이 넣거나 너무 많이 뭉쳐서 덩어리가 크면 절편이 딱딱해질 수 있습니다.

2. 찜기에 실리콘 매트를 깔고 그 위에 1을 넓게 펼쳐주세요. 스팀이 잘 들어올 수 있도록 사이사이 구멍을 낸 다음 면보를 감싼 뚜껑을 닫고 15분 동안 찝니다.
    <u>notice</u> 떡 케이크와 함께 찌면 시간을 단축할 수 있습니다. 떡 케이크 만드는 법은 '백설기 만들기'(044쪽)를 참고합니다.

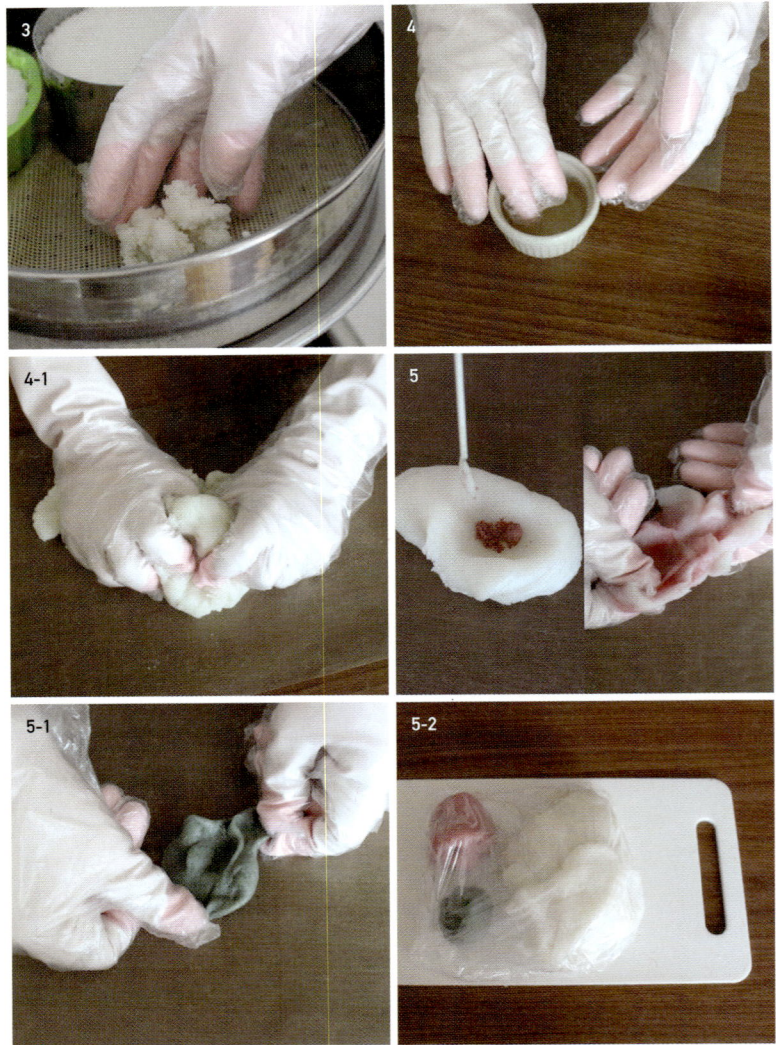

3. 15분 후에 떡장갑과 비닐장갑을 끼고 절편용 쌀가루만 뭉쳐서 빠르게 꺼내주세요. 같이 넣은 떡 케이크는 10분간 더 찝니다.

4. 테프론 시트를 깔고 시트와 장갑에 카놀라유를 살짝 바른 다음 절편을 반죽합니다. 잘 뭉쳐야 쫄깃한 절편이 됩니다.

   notice 실온에 두면 반죽이 마르니 항상 랩에 싸서 보관합니다.

5. 색을 내기 위해 절편 반죽 일부를 떼어 백년초 가루, 쑥 가루 등을 적당히 넣고 섞어주세요.

   notice 가루를 한꺼번에 너무 많이 넣으면 원하는 색을 낼 수 없으니 조금씩 여러 번 섞는 것이 좋습니다.

RICE CAKE MAKING

6. 밀대와 반죽에 카놀라유를 살짝 묻히고 4와 5를 조금만 섞어 얇게 밀어주세요.

7. 얇게 민 반죽을 고명 틀로 찍어 꽃잎 모양을 만들어주세요.

   notice 반죽을 얇게 밀면 자연스러운 꽃을 만들 수 있지만 작업하기가 쉽지 않고, 두꺼우면 귀여운 느낌의 꽃을 만들 수 있습니다.

8. 꽃잎 하나를 동그랗게 말아 봉오리를 만들고 3잎, 5잎, 5잎 혹은 2잎, 3잎, 4잎 등 자유롭게 꽃을 만들어주세요.

9. 원하는 크기만큼 만들어서 밑을 살짝 자르고 떡 케이크 위에 올려주세요.

10. 쑥가루를 넣은 반죽도 잎 모양으로 자르거나 틀에 찍어서 꽃 사이에 넣어주세요.

Korean Dishes Rice Cake

PART

2

쌀과 앙금으로 만드는

한식 디자인
케 이 크

밀가루와 버터, 계란을 사용하지 않고 쌀과 앙금으로 한식 디자인케이크를 만들어 보세요. 친근하고 사랑받는 디자인이라 선물하는 사람, 받는 사람 모두 웃을 수 있는 기분 좋은 디자인이에요.

RICE CAKE MAKING

1
곰돌이 떡 케이크
Bear Rice Cake

귀여운 모양 때문에 인기가 많은 케이크예요. 리본이나 꽃을 달면 더욱 사랑스럽답니다. 케이크 판에 3번 팁으로 하고 싶은 말을 적어도 좋아요.

INGREDIENTS

재료
054쪽의 돔 케이크,
036쪽의 앙금 반죽 200g

도구
실리콘 매트, 밀대, 스크래퍼,
원형커터(3.5~4cm), 이쑤시개

사용한 색
얼굴, 입 부분 : 브라운
눈, 코, 입 : 블랙
볼연지, 리본 : 레드레드 or 핑크

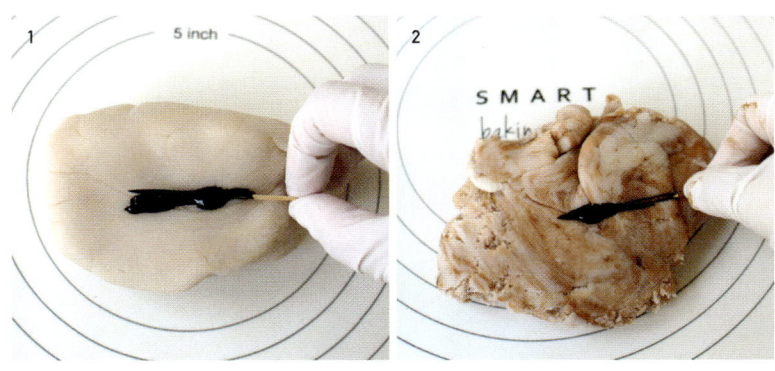

1. 036쪽에서 준비한 앙금 반죽에 브라운 색소를 원하는 만큼 넣습니다. 많이 넣어야 진한 갈색을 만들 수 있어요.
2. 손으로 잘 반죽해서 앙금 반죽에 색을 입힙니다. 원하는 색보다 연하면 색소를 더 넣어줍니다.

FLOWERCAKE

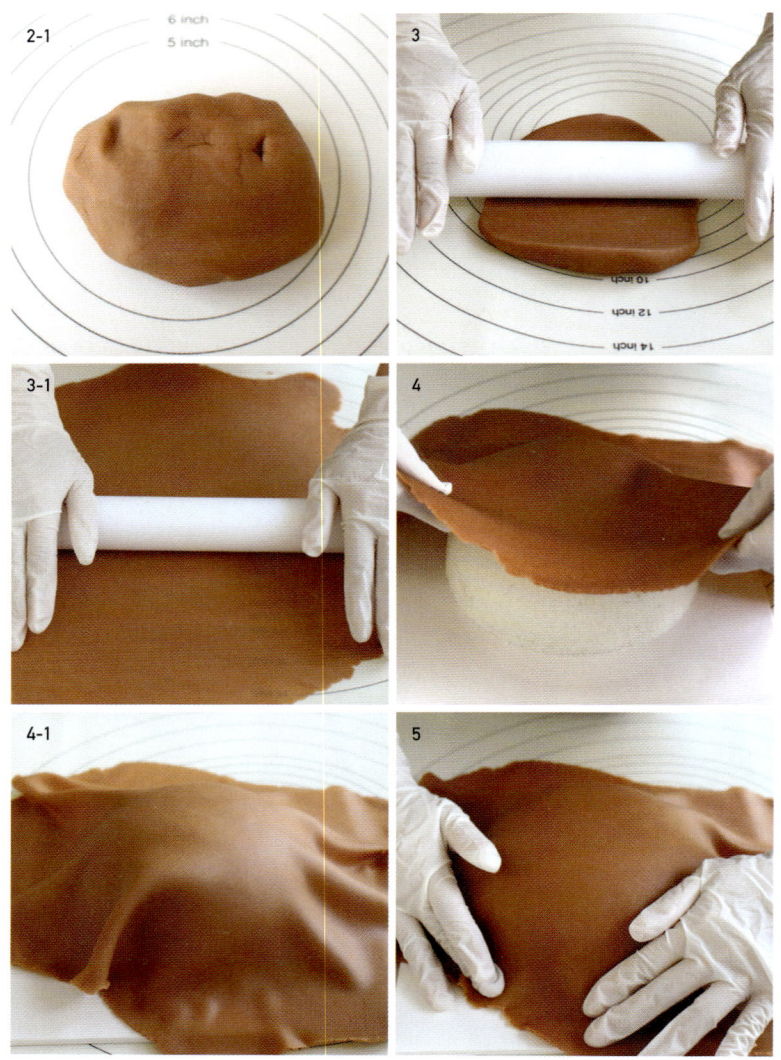

3. 실리콘 매트를 바닥에 깔고 반죽을 밀대로 밀어 두께가 1~2mm 정도 되도록 넓게 펼쳐줍니다. 떡 케이크 위를 다 덮고 조금 더 남을 수 있는 정도로 크게 밀어요.

4. 반죽을 조심스럽게 들어서 떡 케이크 위로 올려줍니다. 이때 너무 천천히 옮기면 반죽이 찢어지기 쉬워요. 반죽 안쪽에 손을 넣고 빠르게 올려 살살 내려놓습니다.

5. 양손으로 반죽을 당기듯 펼쳐서 떡 케이크 밑과 케이크 판에 붙입니다.
   notice 양손으로 반죽을 당기듯 펼치지 않으면 떡 케이크 밑에 주름이 심하게 생길 수 있어요.

RICE CAKE MAKING

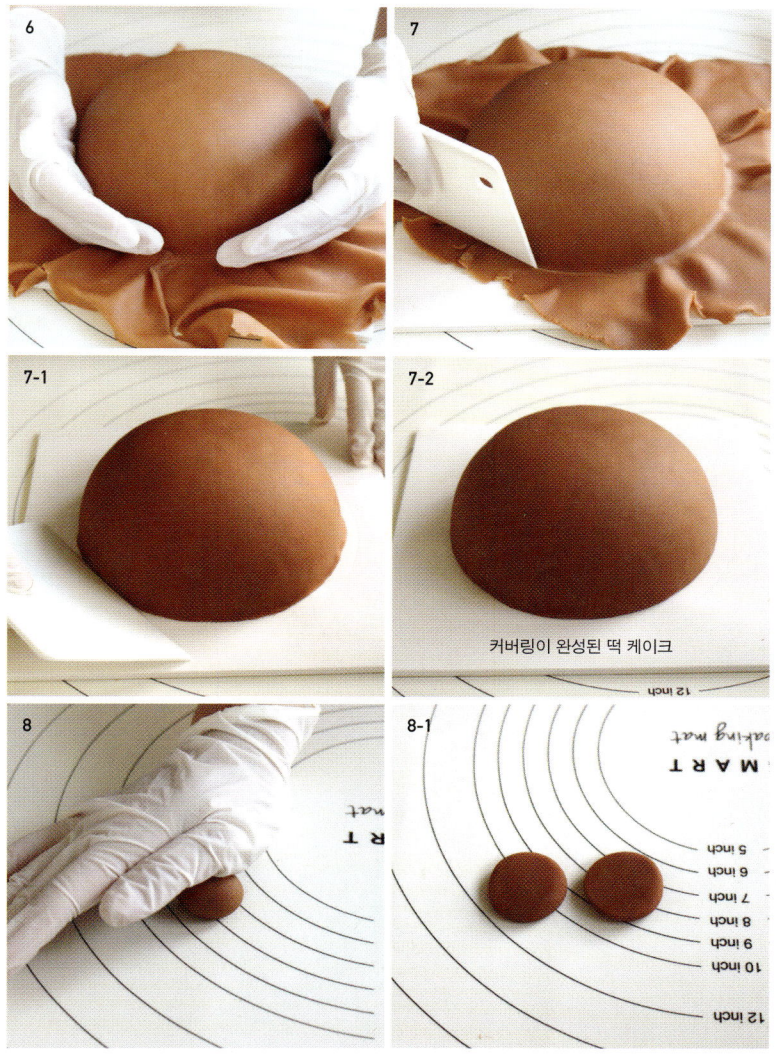

커버링이 완성된 떡 케이크

6. 손 날로 떡 케이크 밑과 옆을 잘 눌러줍니다. 처음부터 끝까지 당기고 붙이고를 반복해야 주름이 생기지 않아요.

7. 스크래퍼로 떡 케이크에 맞닿아있는 앙금 반죽을 잘라줍니다. 울퉁불퉁한 반죽 끝을 스크래퍼로 밀어 떡 케이크 안쪽으로 넣어 주세요.

   notice 밀어 넣을 때 힘이 부족하면 지저분한 부분이 없어지지 않으니 힘주어 밀어 넣어요.

8. 앙금 반죽을 10g 정도 떼어 동그랗게 눌러 귀를 만듭니다. 크게 만들고 싶으면 양을 추가하세요.

   notice 귀의 두께는 대략 1cm 정도로 두툼하게 만들어요.

FLOWERCAKE

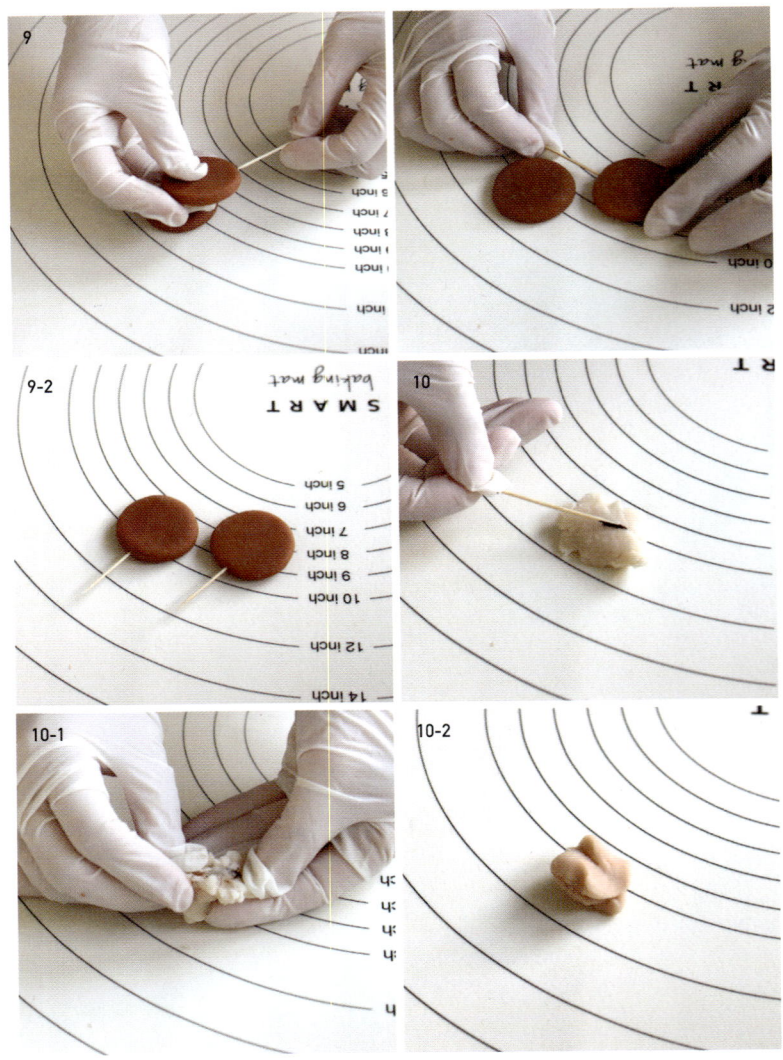

9. 이쑤시개를 반죽 밑에 꽂습니다. 귀 위로 이쑤시개가 튀어나오지 않을 정도로 거의 끝까지 넣어줍니다. 반죽 모양이 변하지 않도록 조심스럽게 넣어주세요.
   notice 선물하거나 먹기 전에 귀에 이쑤시개가 꽂혀있다는 것을 주지해 주세요.
10. 이제 다른 피부보다 조금 밝게 입 주변 피부를 만들 거예요. 반죽을 조금 떼어내고 브라운 색소을 소량 넣고 반죽합니다.

086

RICE CAKE MAKING

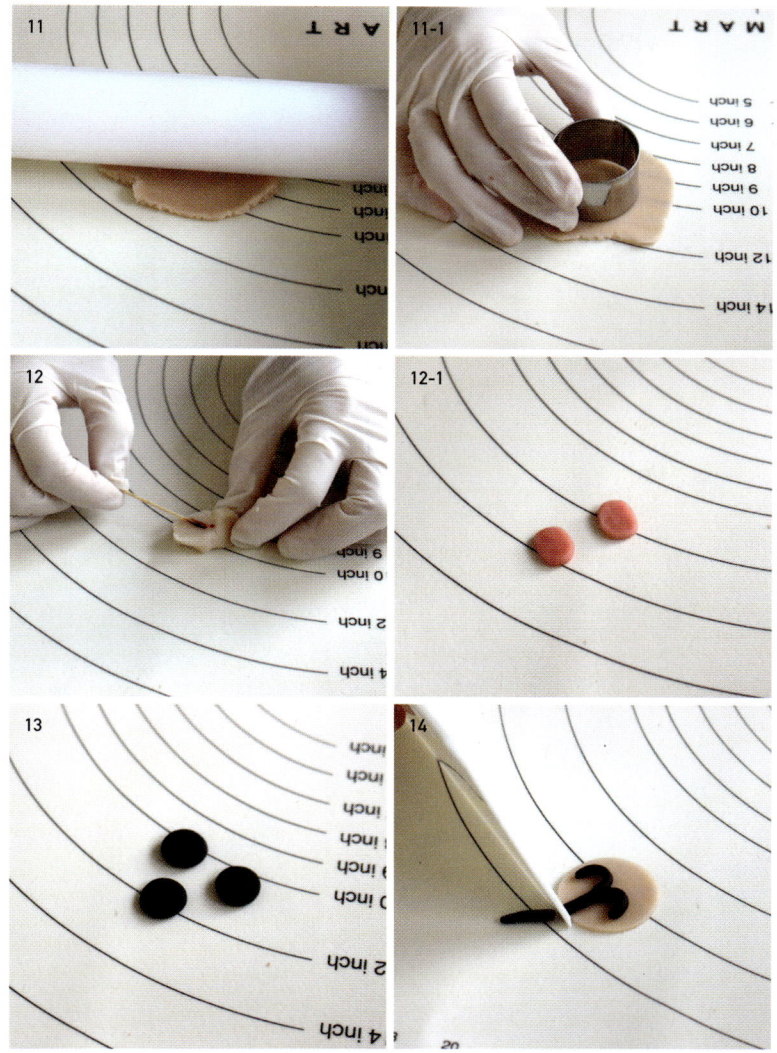

11. 두께가 1~2 mm 정도 되도록 밀대로 밀고 원형커터로 찍어 냅니다.

12. 이제 볼연지를 만듭니다. 앙금 반죽을 조금 떼어내고 레드레드나 핑크 색소를 소량 넣어 반죽합니다. 작은 타원형 반죽을 2개 만듭니다.

13. 눈과 코를 만듭니다. 블랙 색소을 섞어 검은색 반죽을 만들고 두껍고 납작한 원형 반죽을 만듭니다.

14. 검정반죽으로 얇게 말아 입을 만들고 11 위에 올립니다. 검은색 반죽 뒷면에 물을 살짝 발라 붙이고 나머지 튀어나는 부분은 자릅니다.

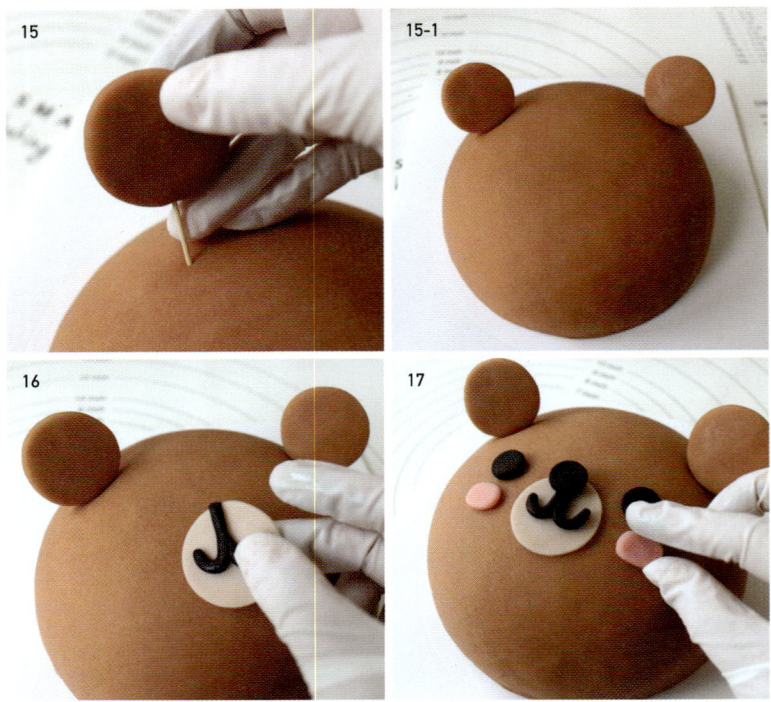

15. 이제 하나하나 만든 반죽을 조합해 곰돌이 얼굴을 만들어 볼게요. 완성된 귀를 얼굴에 꽂아줍니다. 귀를 그냥 꽂으면 귀 위쪽으로 이쑤시개가 튀어나올 수 있어요. 이쑤시개 아래쪽을 잘 잡고 떡 안으로 꽂아줍니다. 자신이 없으면 귀 바로 밑 부분을 가로로 잡고 꽂아주면 편합니다. (112쪽 11번)

    notice 귀를 꽂기 전에 반드시 균형이 맞는 지 확인하고 꽂을 부분을 정확히 정한 후 꽂습니다. 동물 떡 케이크는 얼굴 모양이라서 눈, 코, 입의 균형이 맞지 않으면 어색해지니 주의하세요.

16. 입 뒷면에 물을 살짝 바른 후 얼굴에 붙입니다. 귀와 입 사이에 눈과 코도 들어가야 하니 자리를 정확히 잡고 붙입니다.

    point 물을 발라 붙이기 전에 먼저 눈, 코, 입을 올려 자리를 확인해보세요. 한번 물을 발라 붙이면 떨어지지 않고, 억지로 떼면 반죽이 지저분하게 묻어나니 주의합니다.

17. 눈, 코, 볼연지도 붙여줍니다. 개인적으로 눈과 코의 높이를 비슷하게 하고 눈과 눈 사이를 조금 멀리 떨어지게 붙입니다. 그러면 인상이 조금 더 귀여워져요.

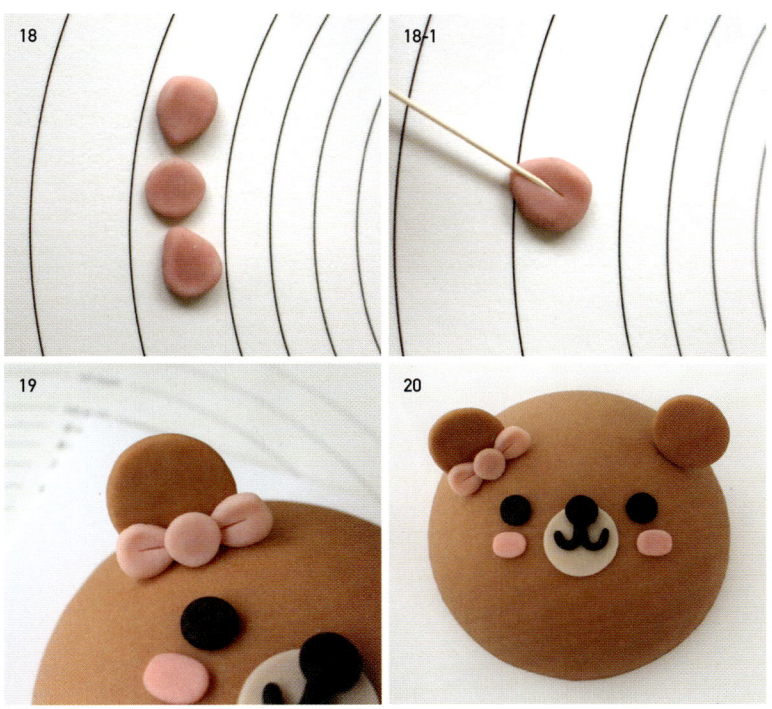

18. 다음은 12에서 만든 앙금 반죽과 같은 색으로 리본을 만들어 볼게요. 반죽을 총 3개 만들고 그중 2개는 물방울 모양으로 만들어 이쑤시개나 스크래퍼로 찍고 하나는 동그랗게 만들어 붙입니다.

19. 물방울 반죽을 귀 위로 올려붙이고 가운데에 동그란 반죽을 올립니다.

20. 곰돌이 떡 케이크가 완성되었습니다.

FLOWERCAKE

RICE CAKE MAKING

2
용돈 주는 돼지 떡 케이크
Pocket Money Pig Rice Cake

개업식에 초대받았을 때 콧구멍에 지폐를 꽂은 돼지머리 대신 현금을 들고 있는 떡 케이크를 선물해보세요. 센스가 돋보일 거예요. 이것은 곰돌이 케이크와 마찬가지로 돔 형태로 만드는데 곰돌이 케이크와 다른 점이 있어요. 지폐와 함께 놓는 디자인이기 때문에 케이크를 정 가운데에 두지 않고 한쪽으로 쏠리게 배치한다는 거예요.

INGREDIENTS

재료
한쪽으로 배치한
돔 케이크,
036쪽의 앙금 반죽
200g

도구
실리콘 매트, 밀대, 면봉(혹인 둥근 마지팬), 스크래퍼, 이쑤시개, 꽃커터, 투명 봉투(7.5cm×16cm), 테이프, 짤주머니, 커플러, 3번 팁

사용한 색
얼굴, 손 : 핑크
눈, 입 : 블랙
코 : 핑크+화이트
볼연지, 꽃 : 핑크 혹은 레드레드

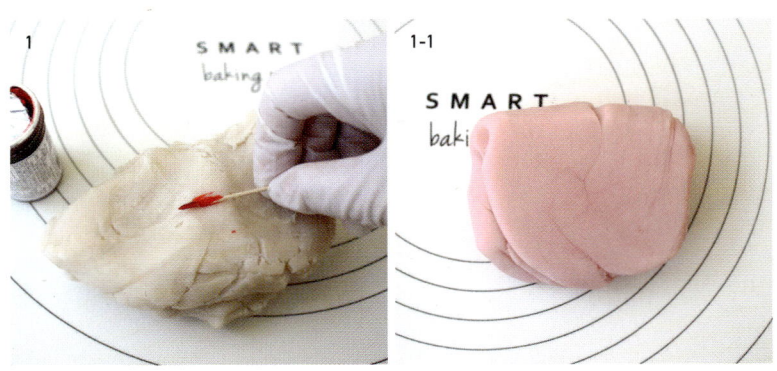

1. 036쪽에서 준비한 앙금 반죽에 핑크 색소를 넣어 반죽합니다.

FLOWERCAKE

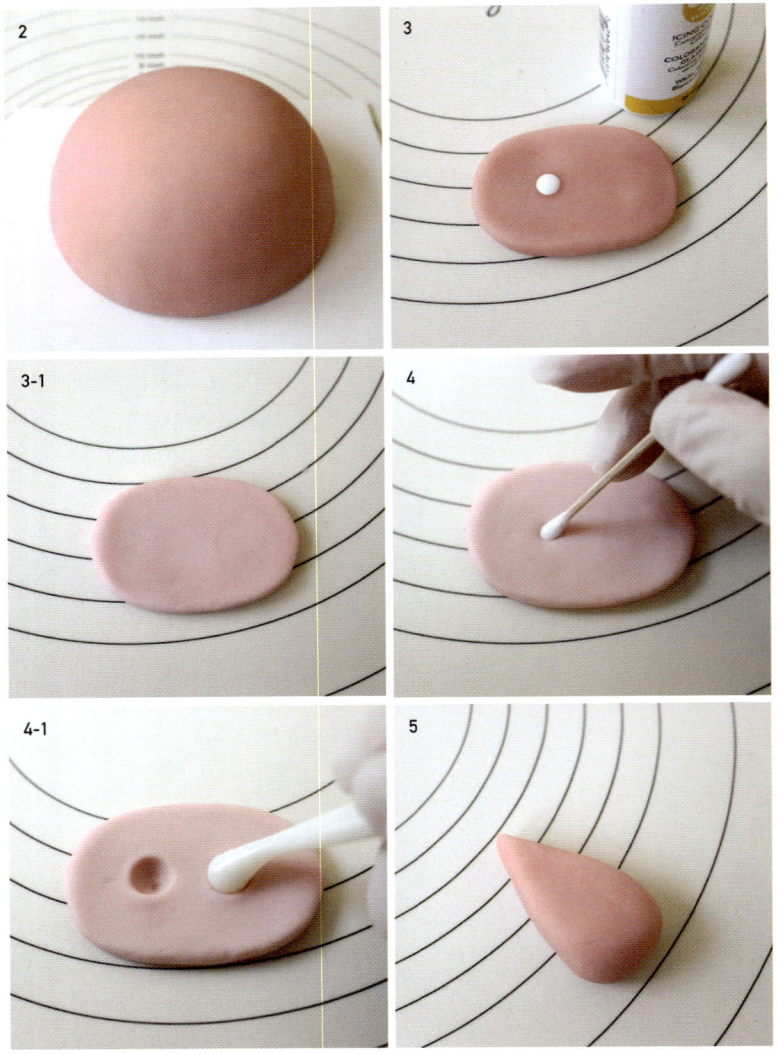

2. 084~085쪽을 참고하여 돔 케이크 위에 분홍색으로 커버링해 돼지 얼굴을 만듭니다.

3. 먼저 돼지코를 만듭니다. 분홍 반죽에 화이트 색소를 조금 넣고 반죽해 얼굴보다 조금 밝은색 타원형 돼지코를 만들어줍니다.

4. 면봉이나 둥근 마지팬을 둥글게 돌려 콧구멍을 만듭니다.

5. 돼지 발을 만듭니다. 반죽을 20g 정도 덜어 두께가 1~1.5cm 정도 되도록 물방울 모양을 만들어줍니다.

092

RICE CAKE MAKING

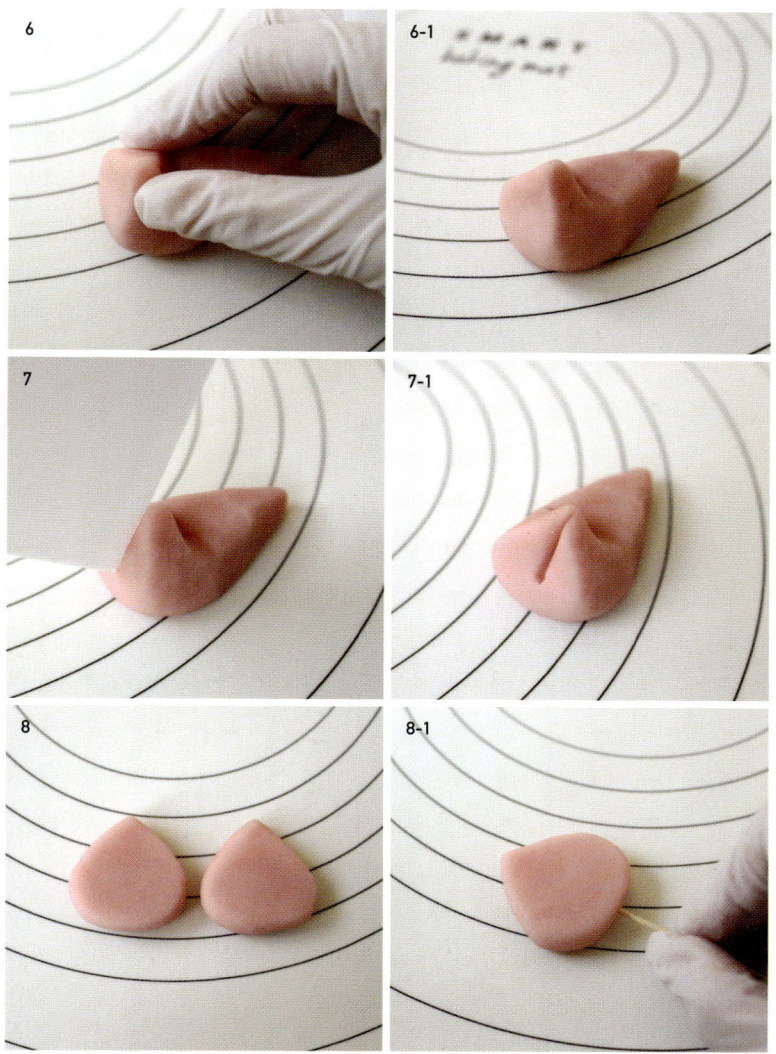

6. 둥근 부분을 위로 꺾고 끝을 뾰족하게 반죽해 발톱을 만듭니다.//
7. 발톱 앞을 스크래퍼로 찍어 발톱 라인도 만들어 주세요.
8. 085~086쪽을 참고해 귀를 만들고 반대쪽으로 튀어나오지 않도록 이쑤시개를 조심스럽게 거의 끝까지 꽂아줍니다. 돼지 귀는 밑은 둥글고 위는 뾰족하게 해 주세요.

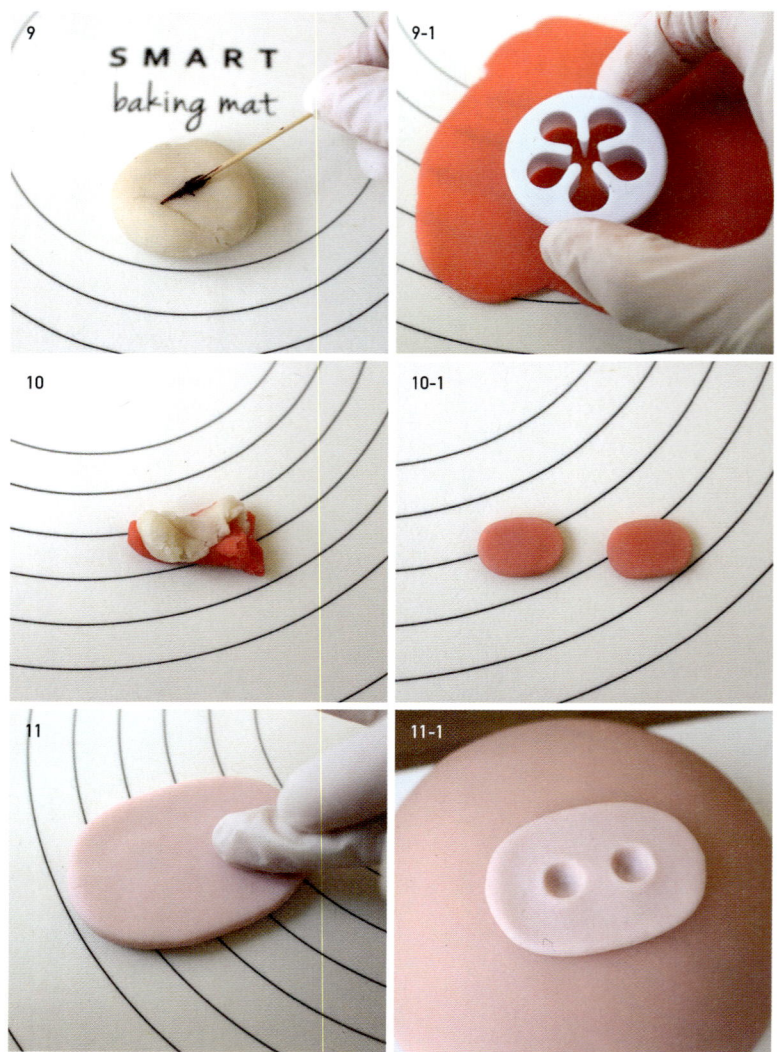

9. 돼지의 양쪽 귀를 장식할 꽃을 만듭니다. 반죽을 조금 덜어 레드레드 색소를 넣고 반죽합니다. 두께가 1~2mm 정도 되도록 밀대로 밀고 꽃커터로 찍어줍니다.

10. 붉은 반죽과 색소가 들어가지 않은 반죽을 섞어 연분홍색 볼연지도 만들어줍니다.

11. 4에서 만든 코의 뒷면에 물을 조금 발라 돼지 얼굴 가운데에 균형을 맞춰 붙입니다. 반드시 눈, 코, 입의 자리를 미리 확인 후 붙여주세요.

RICE CAKE MAKING

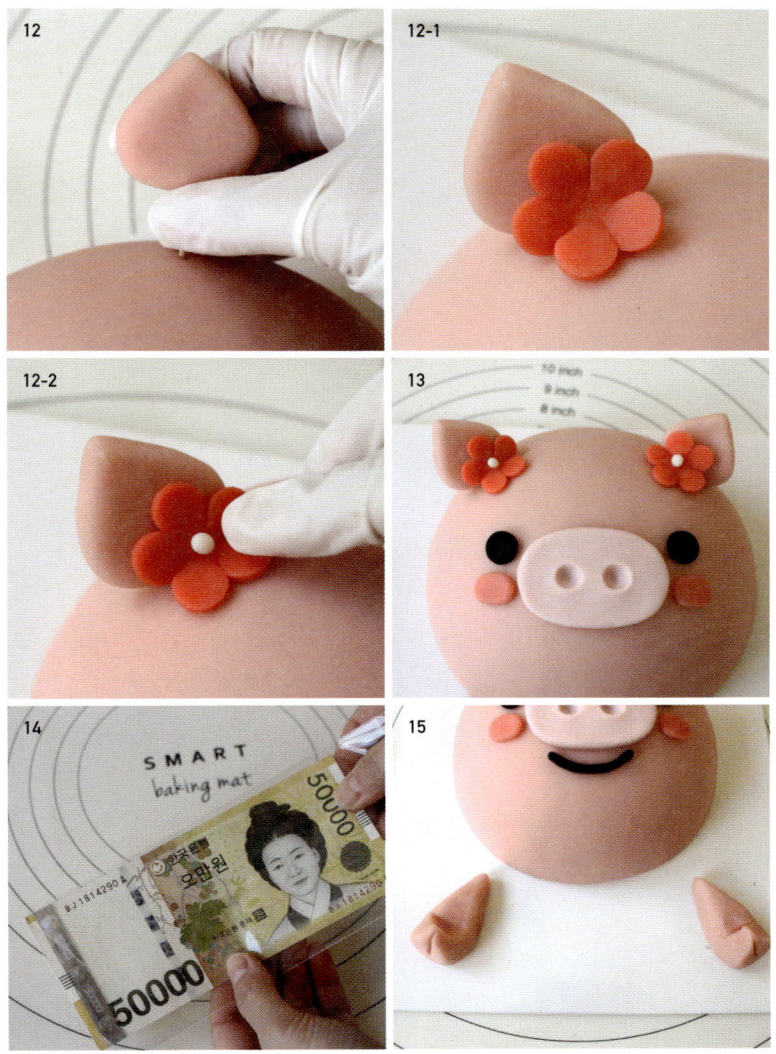

12. 088쪽을 참고하여 조심스럽게 귀를 꽂고 양쪽 귀 위에 꽃을 붙입니다. 흰색 반죽으로 꽃술을 만들어 붙입니다. (112쪽 11번)

13. 088쪽을 참고하여 눈과 볼연지도 만들어 붙입니다.

14. 투명 봉투 안에 지폐를 넣습니다. 봉투가 지폐에 비해 크면 뒤로 접고 테이프로 붙여 주세요.

    point 투명 봉투는 용돈투명봉투 등으로 검색하면 쉽게 구할 수 있어요.

15. 케이크 판 앞쪽 공간에 돼지 발을 붙입니다.

    point 이때 케이크는 정 가운데가 아니라 한쪽으로 쏠리게 배치해야 해요.

FLOWERCAKE

16. 양쪽 발 위로 봉투에 넣은 지폐를 꽂아줍니다.
17. 그대로 끝내도 되고 원하는 문구를 지폐 앞쪽으로 적어도 됩니다. 문구는 모양 깍지 3번으로 적어줍니다.
18. 돼지 용돈 떡 케이크가 완성됩니다.

RICE CAKE MAKING

RICE CAKE MAKING

3
용돈 떡 케이크
Pocket Money Rice Cake

플라워케이크에 용돈을 함께 선물할 수 있는 케이크예요. 어른들 생신이나 어버이날 같은 기념일에 선물하면 감동을 배가할 수 있어요! 지폐를 돌돌 말아 케이크에 붙이는데 투명봉투나 무스띠에 넣으면 되요. 이 작업은 떡 케이크를 만들기 전날 미리 해두면 좋아요.

INGREDIENTS

재료
무스띠를 붙인 떡 케이크(1호), 사라작약, 램스이어

도구
무스띠(6.5cm), 비닐봉투(7.5cm×16cm), 테이프, 양면테이프, 지폐 20장, 꽃가위

사용한 색
사라작약(244쪽): 핑크+브라운
램스이어(158쪽): 모스그린+브라운

팁 번호
사라작약(123), 램스이어(104)

1. 비닐봉투에 현금을 넣고 크기가 안 맞으면 비닐을 접어서 테이프로 붙여주세요. 봉투를 동그랗게 말아 테이프로 붙여 준비합니다.

    point 여기에서는 지폐 20장으로 케이크를 만들었지만, 더 많이 넣고 싶다면 지폐를 작게 말고 더 적게 넣고 싶다면 크게 말아요. 지폐 20장으로 케이크를 만들 경우 지름은 2.5~2.8cm로 해주세요.

FLOWERCAKE

2. 지폐에 양면테이프를 붙여 떡 케이크의 무스띠에 붙입니다.

    point 무스띠를 잘라서 동그랗게 말아 테이프로 붙인 다음 지폐를 넣기도 해요. 이런 형태로 만들어 판매하는 무스띠도 있어요.

3. 244쪽을 참고해 사라작약을 만듭니다.

4. 317쪽을 참고해 리스 어레인지로 꽃을 올립니다. 꽃 2개를 가장자리에 올리고 안쪽에 작은 꽃 1개를 붙여주세요.

    point 최대한 꽃을 세워서 꽃 옆면을 떡 케이크에 올리고 케이크 안쪽 공간을 남겨주세요. 어레인지할 때는 앙금을 조금씩 케이크에 올린 다음 꽃을 올립니다. 앙금이 접착제 역할을 해요.

RICE CAKE MAKING

5. 꽃 사이 빈 공간에 작은 꽃을 올려 공간을 채워줍니다.
6. 158쪽을 참고해 램스이어를 만들고 꽃 사이 빈 공간에 꽂아줍니다.

RICE CAKE MAKING

4
소주 떡 케이크
Soju Rice Cake

떡 케이크를 도넛 모양으로 만들고 빈 곳에 소주나 맥주 등 각종 음료를 넣는 디자인이에요. 병 넣을 공간을 만들기 위해 크기가 다른 두 개의 무스링을 놓고 쌀가루를 올리기도 하고 무스링과 병을 놓고 쌀가루를 올리기도 해요. 여기서는 후자로 작업했어요. 만약 주문받아 판매한다면 주류법 때문에 술을 함께 판매할 수 없으니 자리만 잡아놓고 주문한 사람이 원하는 음료를 넣도록 해주세요.

INGREDIENTS

재료
설탕까지 넣은 백설기 만들 쌀가루 5.5컵,
앙금 반죽 80g

도구
찜기, 찜솥, 키친타월 1장, 시루밑, 무스링 1호,
무스띠(6~7cm), 떡 장갑, 소주 1병, 비닐랩, 밀대,
베이킹매트, 꽃가위, 커플러, 짤주머니, 꽃받침대(네일)

사용한 색
커버링: 로열블루+화이트, 꽃: 로열블루+화이트
문장: 레드레드

팁 번호
애플블로섬(103 또는 104),
잎사귀(352), 문장(3번)

1. 소주병 아래쪽에 랩을 감아 준비합니다. 소주가 아니어도 원하는 음료로 대체할 수 있어요.

2. 찜기에 키친타월, 시루밑, 무스링을 올리고 소주병을 그 안에 넣습니다.
   point 소주병에 무스띠를 둘러 사이즈를 맞춘 후 무스띠를 소주병 대신 넣어도 돼요.

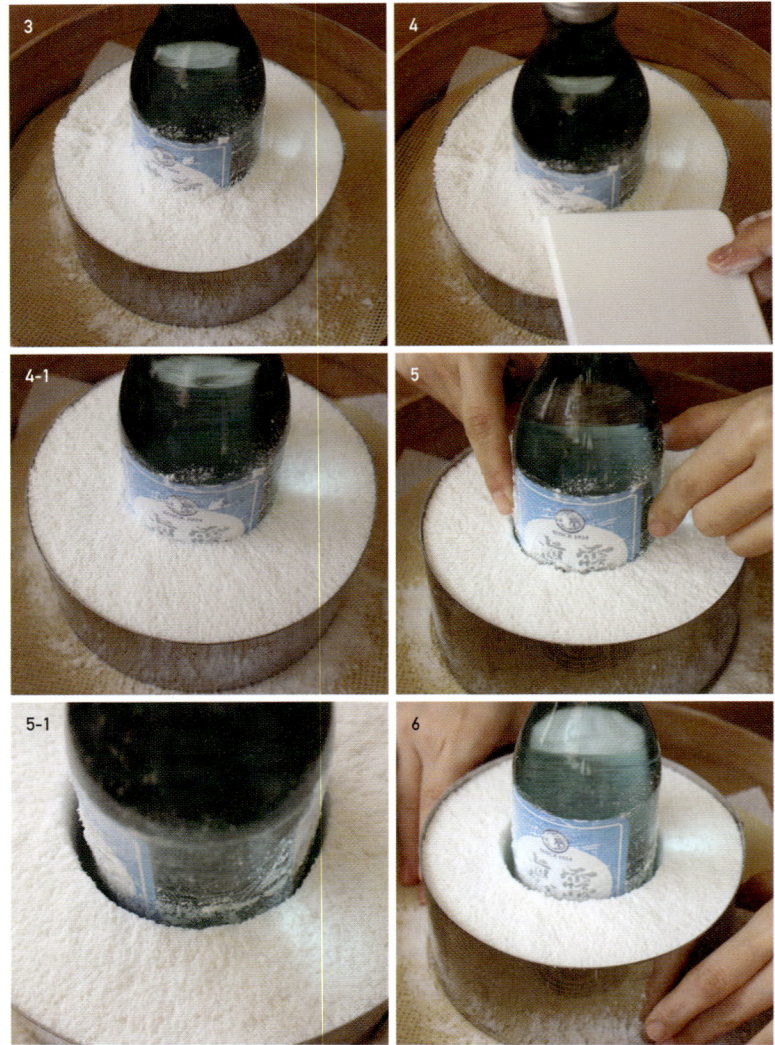

3. 045쪽의 1~8을 참고해 무스링 안에 쌀가루를 넣어주세요.

   notice 뒤에서 소주병과 무스링을 모두 제거할 거예요. 무스링, 소주병 옆면에 쌀가루를 촘촘하게 넣어 주세요. 누르면서 넣지 않아요.

4. 스크래퍼로 쌀가루를 평평하게 해 주세요.

5. 병을 잡고 상하좌우로 살살 움직여 틈을 만듭니다. 떡은 찌고 나면 부피가 줄어 이때 만든 틈이 좁으면 병을 다시 넣을 수 없어요. 충분히 공간을 만들어주세요.

   notice 쌀가루가 무너지지 않도록 힘을 빼고 조심해서 움직여요.

6. 무스링을 빼내기 쉽도록 찌기 전에 작은 틈을 만듭니다. 무스링은 병과 달리 떡을 조금 찐 후에 빼낼 것이므로 5보다 틈이 조금 작아도 됩니다.

RICE CAKE MAKING

7. 소주병을 조심스럽게 빼냅니다.

8. 물이 끓으면 찜기를 올리고 센 불에서 5분간 찝니다. 5분이 지나면 떡 장갑을 끼고 찜기 뚜껑을 열어 무스링을 잡고 조심스럽게 위로 올립니다. 무스링을 제거한 상태로 센 불에서 20분간 더 찝니다.

9. 시간이 되면 불을 끄고 그대로 5분간 뜸을 들입니다. 049쪽의 14~16을 참고해 케이크 받침대로 떡케이크를 옮깁니다.

10. 떡케이크가 한 김 식으면 떡 안쪽과 바깥쪽에 무스띠를 감아 떡이 마르는 것을 방지합니다. 이때 반드시 무스띠를 떡케이크보다 높게 감아줍니다. 여기서는 6~7cm 크기의 무스띠를 사용했어요.

FLOWERCAKE

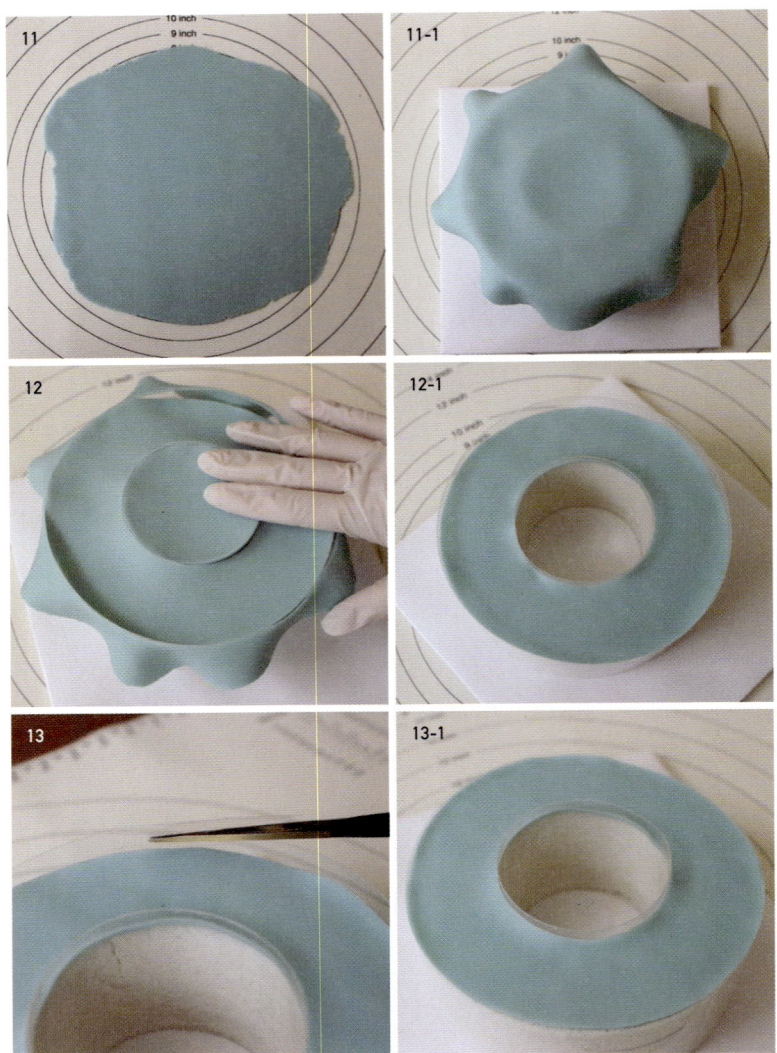

11. 로열블루+화이트 색소를 넣고 036쪽을 참고해 커버링 앙금 반죽을 만들어주세요. 떡케이크보다 반죽을 크게 만들어서 케이크 위로 올립니다.

12. 커버링띠 앙금 반죽을 손으로 잘 눌러서 반죽을 잘라 주세요. 자른 반죽을 떡케이크 무스띠 안으로 들어가게 해주세요.

13. 이제 무스띠를 높이를 조금 줄여 떡케이크보다 1~2mm 정도 높게 해주세요. 안쪽 무스띠는 잘라도 되고 안잘라도 되요.

RICE CAKE MAKING

14. 접착제 대신 앙금을 조금 올리고 취향대로 꽃을 만들어 올려요. 여기서는 변형한 애플블로섬(152쪽)과 잎사귀(210쪽)를 만들었어요.
15. 031쪽을 참고해 애정 어린 문장을 적어줍니다.
16. 케이크 가운데에 준비한 병을 넣고 리본을 묶어 완성합니다.

RICE CAKE MAKING

5
골프장 떡 케이크
Golf course Rice Cake

디자인케이크로 인기가 많은 골프장 케이크를 응용해 앙금과 쌀로 만들어 봤어요. 전체적인 색깔은 초록색으로 하고 팁으로 잔디를 표현하고 오리와 벙커도 만들었어요. 가운데 잔디를 하트 모양으로 만들어서 더 사랑스럽게 작업했답니다. 디자인에 비해 난이도가 낮은 편이니 도전해보세요!

INGREDIENTS

재료
떡 케이크(1호), 앙금 반죽 80g, 앙금 크림 80g

도구
무스띠(6.5cm), 짤주머니, 밀대, 베이킹 매트, 이쑤시개, 커플러

팁 번호
234, 3

사용한 색
커버링: 켈리그린   잔: 화이트   오리: 골든옐로
벙커: 브라운+화이트   꽃: 레드레드, 핑크   오리 입: 레드레드
물: 로열블루+화이트문   수술: 화이트   오리 눈: 블랙

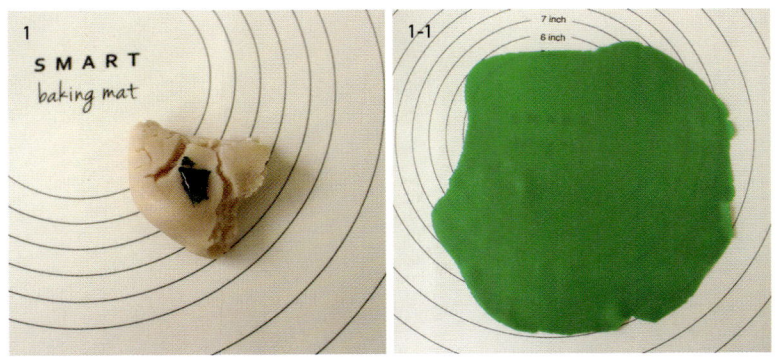

1. 036쪽을 참고해 커버링용 앙금 반죽을 만들고 켈리 그린 색소를 넣어 진한 초록색으로 만들어 주세요.

FLOWERCAKE

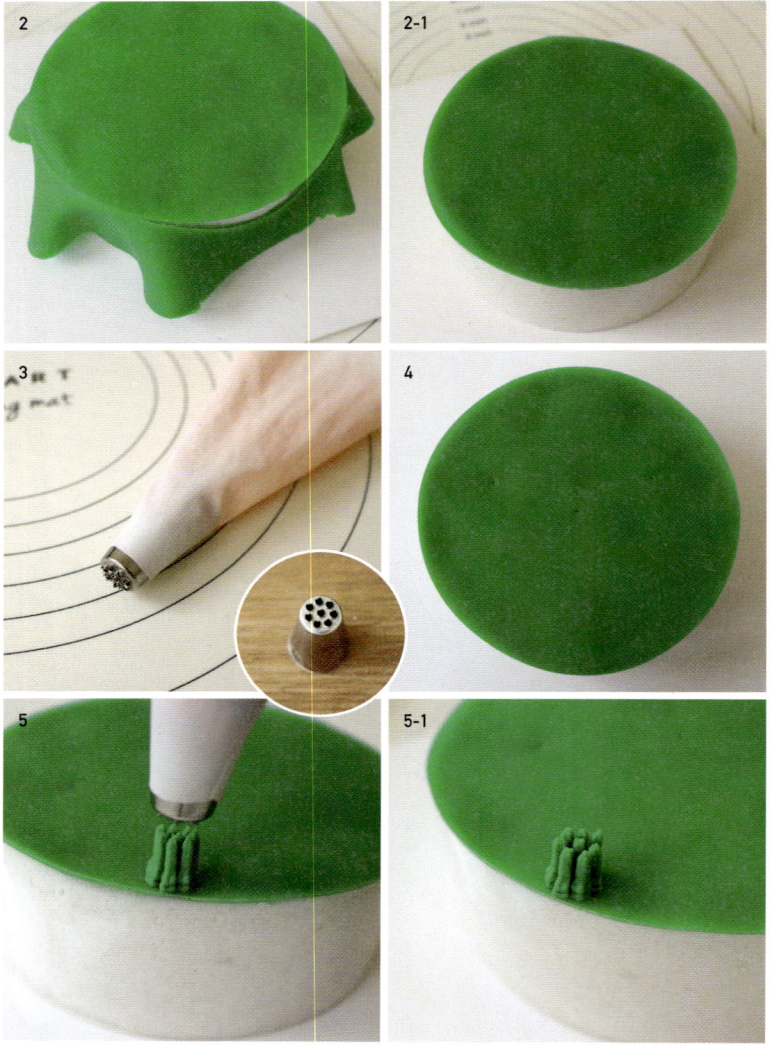

2. 106쪽을 참고해 떡 케이크 위에 반죽을 올려 크기에 맞게 자릅니다.

3. 234번 팁을 커플러 없이 짤주머니에 넣습니다.

4. 골프장 모양으로 만들 하트 형태를 이쑤시개로 표시해둡니다. 가운데보다 살짝 위로 가게 만들 거예요.

5. 이제 본격적으로 골프장 잔디를 만들어 볼게요. 팁을 세워서 케이크 가장자리에 바짝 붙여 힘을 주어 짜다가 서서히 힘을 빼 줍니다.

   notice 팁을 확 빼면 잎이 끊어지고 너무 길게 짜면 잎이 쓰러져요.

RICE CAKE MAKING

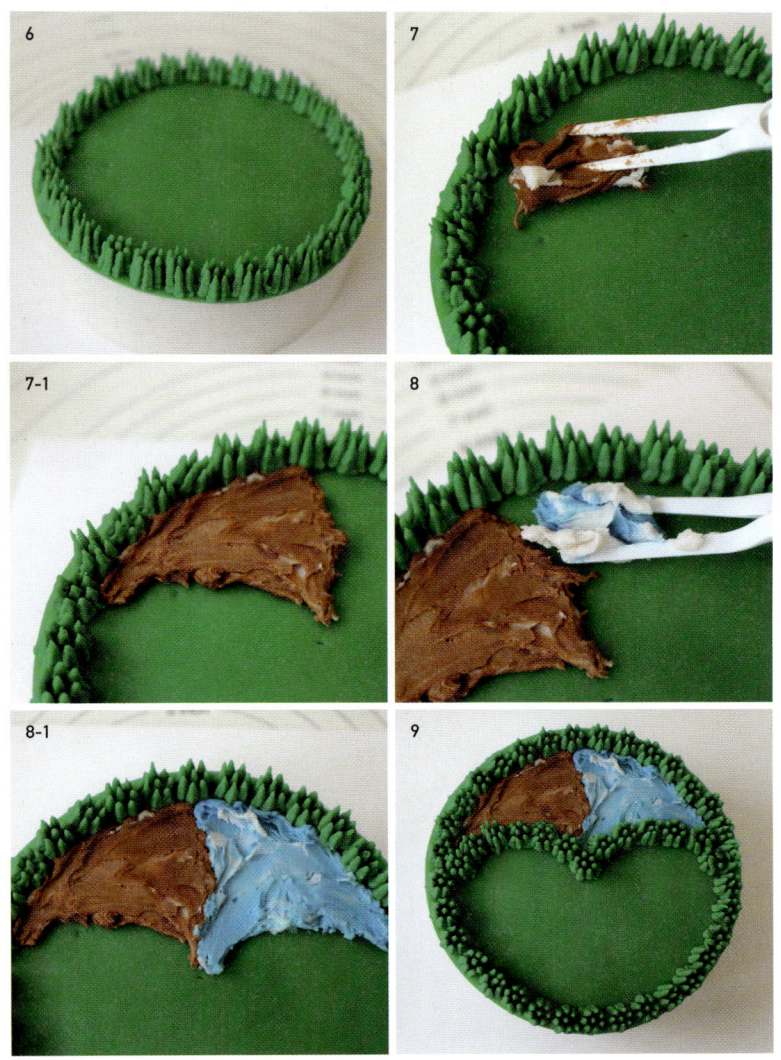

6. 떡 케이크 가장자리에 동그랗게 잔디를 만들어주세요.

7. 이제 벙커를 만들어요. 브라운 색소로 만든 갈색 앙금에 흰색 앙금을 조금 넣고 대충 섞어요. 미리 표시해둔 곳에 꽃가위로 거칠게 펼쳐주세요. 흙 같은 느낌을 최대한 살려요.

8. 로열블루 색소를 넣고 만든 하늘색 앙금에 흰색 앙금을 조금 넣고 대충 섞어요. 7의 벙커 옆으로 올려 7과 동일하게 거칠게 펼쳐주세요.

9. 4에서 표시한 대로 234번 팁으로 잎을 짜주세요.

FLOWERCAKE

10. 031쪽을 참고하여 3번 팁으로 원하는 문장을 적고 골프채 2개를 그려주세요.

11. 빨간 종이를 삼각형으로 잘라 이쑤시개에 감아 붙이고 꽃가위로 벙커에 꽂아줍니다.

12. 3번 팁으로 동그랗게 5개의 원을 짜서 작은 꽃을 만들어요. 이때 손을 돌리며 원을 그리지 말고 팁을 가만히 그 자리 그대로 두고 힘주어 짜야 통통한 원이 만들어집니다.

13. 12와 같은 방법으로 레드레드 색소를 섞어 빨간 꽃을 만들어요. 빨간색과 분홍색 꽃을 번갈아 배열하고 흰색 앙금으로 수술을 만들어주세요.

RICE CAKE MAKING

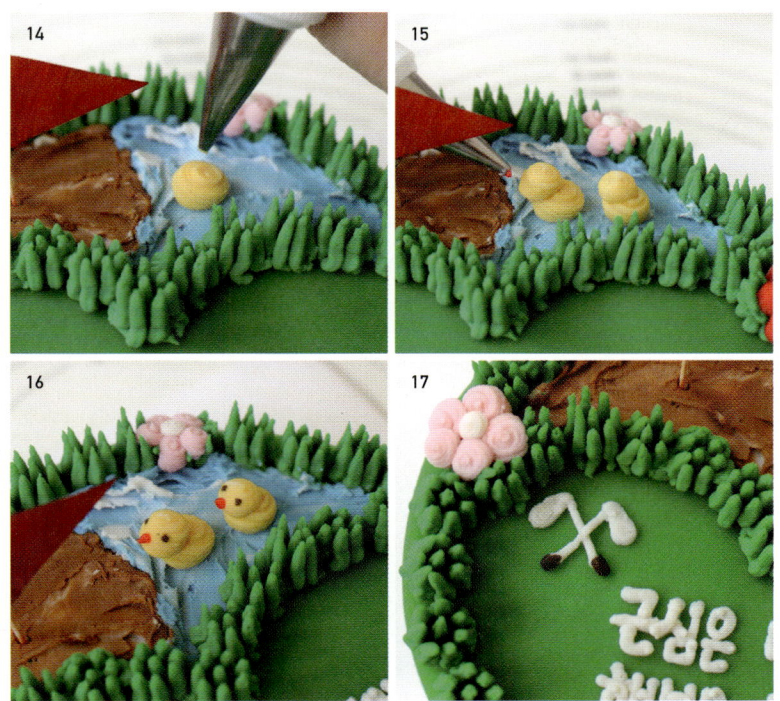

14. 마지막으로 오리를 만들어볼게요. 골든옐로 색소로 노란색 앙금을 만들어요.

15. 3번 팁으로 파란 호수 위에 오리를 짜 주세요. 밑에는 조금 크게 위에는 조금 작게 짜면 됩니다.

16. 계속해서 3번 팁으로 빨간색 입을 뾰족하게 짜주고 검은색 앙금 반죽으로 눈을 짜줍니다.

17. 골프채 끝부분에 검정 앙금을 조금 덜어 손잡이를 표현합니다.

RICE CAKE MAKING

6
숫자 떡 케이크 만들기
Number Rice Cake

100일, 돌잔치, 환갑, 팔순 등 가족의 특별한 생일 파티로 사랑받는 케이크예요. 3주년, 9주년 같은 회사 개업 기념일에도 좋아요. '0'이나 '8'처럼 곡선형 숫자는 무스띠를 그냥 두르면 되지만, '4'나 '1'처럼 각이 들어간 숫자는 무스띠를 접어서 감아요. 무스띠 대신 옆면에 앙금을 바르기도 하는데 마르면 갈라질 수 있고 떡이 더 달아져요.

INGREDIENTS

재료
쌀가루 530g, 앙금꽃

도구
찜솥, 찜기, 키친타월 1장, 시루밑, 숫자무스링(높이 3.5cm), 계량스푼, 스크래퍼, 꽃가위, 떡 장갑, 무스띠

<u>point</u> 숫자에 따른 쌀가루 양
0: 250g, 1: 220g, 3: 300g, 4: 240g, 5: 320g, 6: 280g, 7: 195g, 8: 280g, 9: 280g

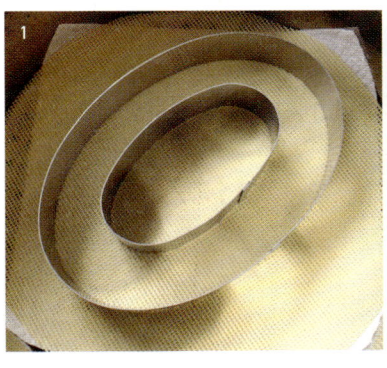 

1. 찜기에 키친타월과 시루밑을 깔고 숫자 무스링을 올립니다.
   <u>point</u> 보통은 찜기 하나에 떡 케이크를 하나씩 찔 것을 권하지만 이것은 2단 찜기에 한꺼번에 쪘어요.

2. 045쪽의 1~8을 참고해 백설기용 습식 멥쌀가루를 준비하고 무스링 안에 넣어 주세요. 손으로 넣어도 되고 계량스푼을 사용해도 되요. 무스링 옆면에도 촘촘하게 넣습니다.

FLOWERCAKE

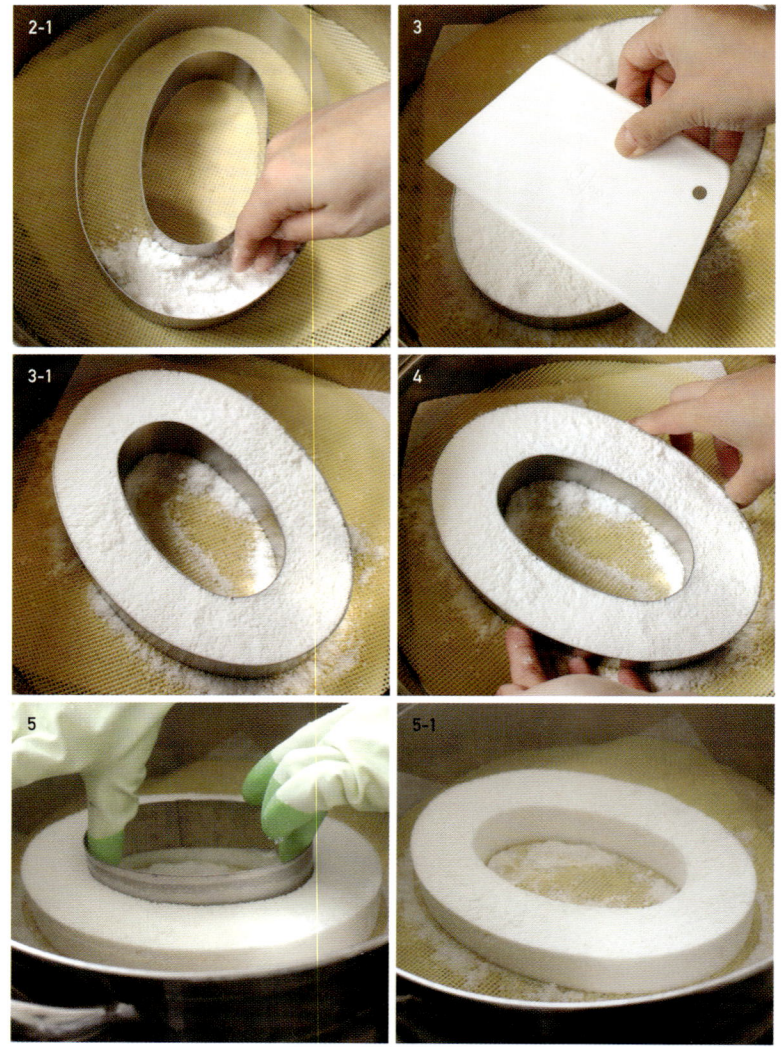

3. 무스링 끝까지 쌀가루를 채우고 스크래퍼로 평평하게 마무리합니다.

4. 상하좌우로 무스링을 살살 움직여 작은 틈을 만들고 찜기에 올려 뚜껑을 닫고 5분간 찝니다.

5. 5분 후 떡 장갑을 끼고 무스링을 조심스럽게 위로 빼냅니다. 가운데 있는 무스링도 제거합니다.

RICE CAKE MAKING

6. 049쪽을 참고해 떡 케이크를 뒤집어서 케이크 받침대에 올립니다.

   notice 숫자 무스링을 움직일 때 떡이 갈라지는 경우가 많아요. 떡이 갈라지거나 잘리더라도 버리지 말고 앙금을 옆면에 바르거나 그대로 뒤 과정을 이어서 무스띠를 감아요.

7. 떡 케이크를 무스띠로 감아줍니다. 숫자의 각진 부분은 무스띠를 접어서 맞춰보고 테이프로 붙여주세요. 무스띠는 잘라서 떡보다 1mm 정도 높게 맞춰 주세요.

8. 원하는 앙금 꽃을 만들어서 떡케이크 위에 올려 완성합니다. 여기서는 장미(206쪽)와 사라작약(244쪽), 애플블로섬(152쪽)을 만들었어요.

   notice 꽃이 숫자보다 너무 크거나 작지 않도록 균형에 맞게 만듭니다.

7
2단 보자기케이크
Bojagi Rice Cake

생일, 돌잔치, 기념일 등 중요한 날을 특별하게 기억할 수 있는 보자기케이크를 소개할게요. 떡 케이크를 보자기로 감싸고 꽃과 장식을 올려 화려함을 더한 고급스러운 디자인이에요. 노리개, 수술, 띠, 보자기를 모두 앙금으로 만들어 식용 가능하다는 것도 특징 중 하나예요.

INGREDIENTS

재료
떡케이크(1호, 3호),
커버링용 앙금 반죽 500g,
쇼트닝 3~4g, 식용 펜

팁 번호
사라작약 : 123, 램스이어 : 104
활짝 핀 작약: 123, 3, 262

도구
찜솥 2개, 찜기 2개, 키친타월 2장, 시루밑, 무스링(1호, 3호), 떡 장갑, 베이킹매트, 밀대, 슈가 건, 스크래퍼, 붓, 나비커터, 노리개몰드, 네일(꽃받침), 꽃가위, 짤주머니 14인치, 지퍼팩

사용한 색
사라작약: 핑크, 핑크+골든옐로, 램스이어: 모스그린+브라운
활짝 핀 작약: 화이트, 골든옐로, 모스그린+브라운
보자기 수술 1: 화이트, 보자기 수술 2: 골든옐로, 노리개: 핑크, 나비: 골드

1. 1호 떡 케이크와 앙금 반죽을 함께 찜기에 넣고 25분간 찝니다. 시간이 지나면 앙금 반죽은 바로 꺼내고 떡은 뚜껑을 덮어 5~10분간 뜸 들입니다.

2. 3호 떡 케이크도 다른 찜기에 30분간 찌고 10분간 뜸 들입니다.

FLOWERCAKE

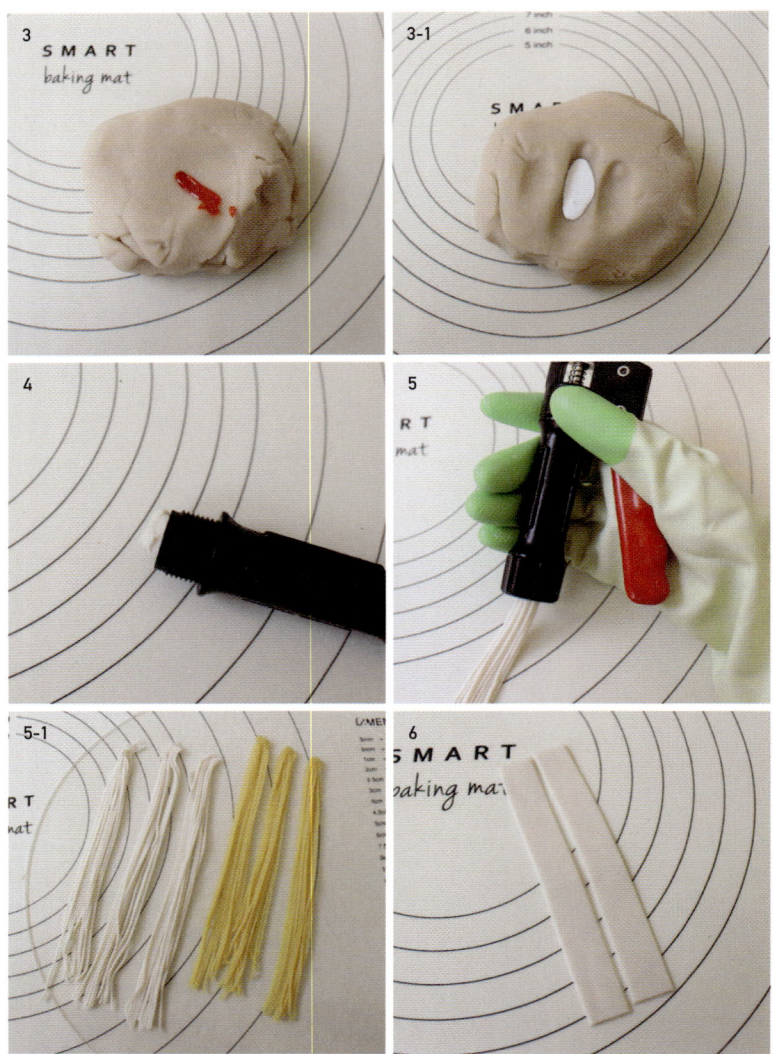

3. 케이크를 장식할 수술을 만들어요. 앙금 반죽을 반으로 나눠서 하나는 골든옐로 색소, 하나는 화이트 색소를 넣어 섞어줍니다.

4. 3에서 만든 반죽을 슈가 건에 넣고 슈가 건 손잡이를 넣어줍니다.

5. 손잡이를 눌러 수술 모양 앙금 반죽을 뽑아냅니다. 원하는 길이만큼 됐다면 손으로 잘라 접시에 펼쳐두고 말립니다.

    point 처음에 수술을 뽑아내면 서로 엉겨 붙어있는데 마르면서 한 가닥씩 떨어뜨릴 수 있어요.

6. 원하는 문장을 적을 리본을 만들어요. 흰색 반죽을 밀어서 띠 모양으로 잘라줍니다. 길이는 1×6cm예요.

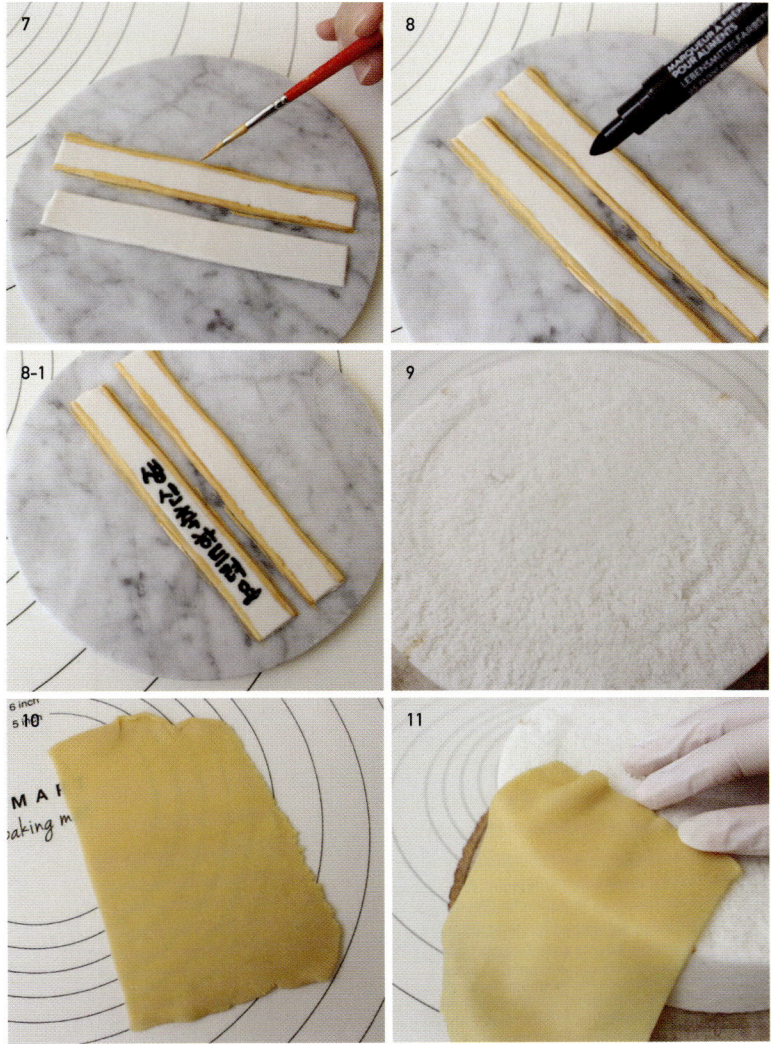

7. 반죽 양 끝에 골드 색소로 라인을 그려줍니다.

    <u>point</u> 칠하다가 번지거나 잘못 그렸다면 물로 지우면서 수정해요. 다른 색소는 지워지지 않아요.

8. 리본용 반죽에 식용 펜으로 원하는 문장을 적어요.

    <u>notice</u> 앙금 반죽이 부드러우니 펜을 사용할 때 힘을 빼고 살살 적어 주세요.

9. 3호 떡 케이크 중앙에 1호 무스링을 살짝 찍어서 위치를 잡아주세요.

10. 3에서 골든옐로 색소로 반죽한 앙금을 두께 1~2mm가 되도록 밀어 주세요.

11. 9에서 잡은 위치보다 조금 안쪽으로 10의 반죽을 올려요.

    <u>notice</u> 보자기케이크는 수술, 노리개, 문장이 써진 리본, 앙금 꽃 등 많은 장식이 들어가요. 커버링을 위한 보자기 반죽은 주름을 많이 넣지 않고 깔끔하게 만들어 주세요.

FLOWERCAKE

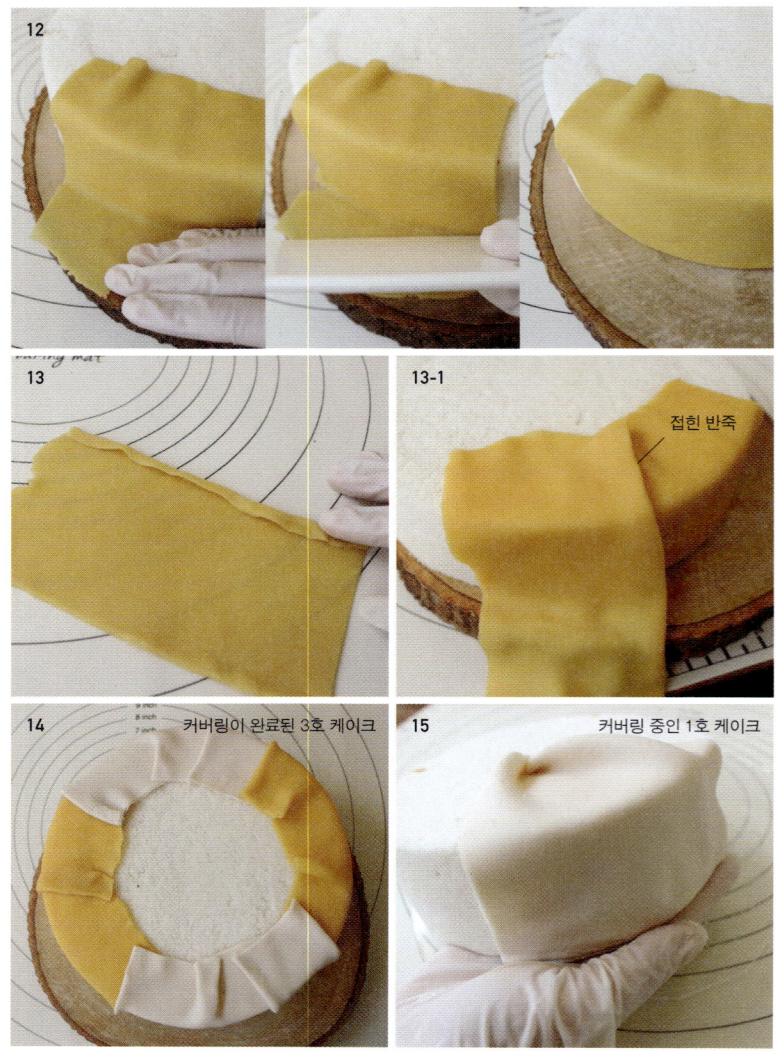

12. 반죽을 손 날로 바닥에 잘 붙여서 스크래퍼로 잘라요. 남은 반죽 끝은 케이크 아래로 밀어 넣어 정리해주세요.
13. 11~12을 반복해 반죽을 붙이되, 이제부터는 반죽의 한쪽을 접어서 깔끔하게 마감합니다. 12의 반죽 위로 깔끔한 반죽을 올립니다.
14. 흰색과 노란색 앙금 반죽을 번갈아 가면서 커버링해 주세요.
15. 3호 떡 케이크 위에 올릴 1호 떡 케이크도 11~14를 반복해 흰색 커버링 반죽을 올려주세요. 다만, 반죽 끝을 잡아 떡 밑으로 넣어줍니다.

16. 이제 흰색 반죽에 나비 패턴을 찍을 거예요. 골드 색소를 나비 커터에 묻혀 흰색 앙금 반죽 중간쯤 찍어요. 패턴이 마르면 1호 케이크 앞면에 커버링해주세요.
    notice 커터를 너무 세게 누르면 반죽이 커터에 붙어 찢어질 수 있어요.

17. 1호 떡케이크를 모두 커버링하고 손으로 들어 3호 떡케이크 위로 조심스럽게 올려요. 이때 가운데 올리지 않고 앞부분이 조금 더 남도록 올립니다.

18. 흰색 반죽에 핑크 색소를 조금 섞어 분홍색 반죽을 만들어요. 노리개 커터에 반죽을 넣어 누른 후 떼어내 노리개 장식을 만들어요.

19. 취향대로 앙금 꽃을 준비합니다. 여기서는 사라작약(244쪽)을 준비했어요. 3호 떡 케이크는 공간이 작으니 작은 꽃 4개는 꼭 준비해야 해요.

20. 이제 각각의 장식품을 떡 케이크에 붙여요. 잘 건조한 수술을 가닥가닥 벌려 3호 떡케이크 위에 붙입니다. 올리기 전에 바닥에 물을 살짝 바르면 잘 붙어요.

21. 문장을 적은 리본을 붙여요. 글씨가 없는 것은 뒤쪽에, 글씨가 있는 것은 앞에 붙여요.

22. 노리개도 뒷면에 물을 발라 붙여줍니다.

23. 길이가 각각 다른 수술을 잘라 정리해주세요.

    notice 처음부터 짧게 자르지 않고 길이를 보면서 조금씩 자릅니다.

RICE CAKE MAKING

24. 케이크 바닥에 큰 꽃을 올리고 3호 떡케이크 위에 작은 꽃을 2개 올립니다.

25. 1호 떡 케이크 위에는 받침판이 되어줄 앙금을 조금 올린 후 꽃을 올립니다. 만약 작약만 올리고 싶다면 먼저 5개의 꽃을 조금 세워 올린 후 맨 위에 꽃을 올려 마무리합니다.

26. 만약 펼친 작약과 함께 올리고 싶다면 케이크 앞쪽에 작약을 올리지 않고 앙금만 올리고 188쪽을 참고해 얼린 꽃잎을 하나씩 붙이거나 123번 팁을 이용해 직접 짜도 돼요.

27. 158쪽을 참고해 램스이어를 만들고 꽃 사이에 넣어 완성합니다.

Color Training

PART

3

조색이 쉬워지는

컬러
연습

아름다운 색을 내기 위해서는 색과 색소에 대한 기본적인 이해가 필수예요. 색소의 특성을 파악하기 위해 앙금에 각각의 색소를 넣으면서 '컬러 차트'를 만들어보세요.

가지고 있는 색만으로 컬러 차트를 만들어도 좋아요. 한두 가지 색소를 가지고도 넣는 양이나 흰색을 섞는 정도에 따라 다양한 색을 표현할 수 있답니다.

COLOR TRAINING

1

다양한 색소를 이용해
컬러 차트 만들기
| 1차 색 만들기 |

색소에는 천연 색소와 인공 색소가 있어요. 천연 색소는 부드러운 색감을 표현하기 좋아요. 인공 색소 중 가장 많이 사용하는 것은 '윌튼' 브랜드인데, 형광 느낌이 날 정도로 채도가 높아서 맑고 화려한 꽃을 만들기 좋아요. 여기서는 천연 색소와 인공 색소를 함께 비교하면서 기본 색을 만들어 볼 거예요.

- 계량스푼 : 손톱 크기의 작은 티스푼을 기준으로 가루 색소를 계량했어요.
- 앙금은 각각 30g 사용했어요.

1. Red

레드레드(윌튼)   치자 가루(8스푼)   비트 가루(25스푼)

윌튼의 '레드레드'는 소량으로 붉은색을 낼 수 있지만 형광 빛이 나기 때문에 자칫 가벼워 보일 수 있어요. 밝은 톤을 원한다면 그대로 사용해도 되지만 톤을 낮추고 싶다면 '블랙'이나 '브라운'을 추가해 형광 빛을 없애면 된답니다. 셰프마스터의 '슈퍼레드'로 짙은 빨강을 만들 수도 있어요.

천연 가루 색소로 빨간색을 만들 때는 '치자 가루'와 '비트 가루'를 섞어주세요. 천연 가루 색소는 자연스러운 톤을 낼 수는 있지만 진한 색을 내기 어려운 단점이 있어요. 물을 조금씩 넣어가며 조절하거나 처음부터 소량의 물에 가루를 개어서 앙금에 넣어도 된답니다.

2. Yellow

'치자 가루'와 '골든옐로'는 소량만 넣어도 발색이 아주 잘된 답니다. 골든옐로는 레드레드만큼 형광 빛이 강하지 않지만 천연 가루 색소보다는 강한 편이에요. 개인적으로 가장 많이 쓰는 노란색은 치자 가루예요. 색이 자연스럽고 다른 색과도 잘 어울리거든요. 초록색이나 분홍색, 갈색, 빨간색처럼 노랑이 들어간 색을 만들 때 자주 사용한답니다.

'호박 가루'는 발색이 약하기 때문에 치자 가루보다 많이 넣어야 해요. 아주 진하고 선명한 노란색을 만들기는 어렵지만 자연스러운 분위기를 표현할 때 사용하기 좋아요.

3. Green

모든 잎사귀에 사용하는 만큼 가장 빨리 소모되는 것이 초록색이에요. 정직한 초록색의 '모스그린'은 발색이 좋지만 형광 빛이 나므로 항상 브라운과 섞어서 사용해요. 하지만 본연의 색을 사용할 때도 있답니다.

'쑥 가루'는 발색이 잘되지는 않지만 자연스러운 톤으로 낮춰주기 때문에 조색하기 편해요. 고유의 향과 맛이 가장 많이 나는 색소로 잎사귀를 먹으면 누구나 '아, 이건 쑥이구나!' 하고 알아차린답니다.

초록색 중에서는 가장 연한 녹차 가루를 개인적으로 가장 많이 쓴답니다. 갈색, 노란색과 잘 어울리고 자연스러운 색감을 낼 수 있어요. 차로 타 먹는 녹차 가루를 사용해도 된답니다.

4. Purple

바이올렛(윌튼)　블루베리 가루(7스푼)　자색고구마 가루(3스푼)

보라색은 색마다 큰 차이가 있어요. 윌튼의 '바이올렛'은 청보라에 가까운데 파란색 꽃과 함께 매치해 변화를 주고자 할 때 많이 사용해요. '블루베리 가루'는 빈티지한 느낌이 강하고 거의 회색으로 보일 정도로 탁한 색을 낸답니다. 밝은 분위기에는 어울리지 않지만 생화처럼 표현할 때 적합한 색소예요. 어두운 분위기나 차분한 느낌을 주고 싶을 때 사용하면 좋아요. 이와 비슷한 느낌으로 셰프마스터의 '퍼플'이라는 색소가 있어요. 바이올렛이 푸른 느낌, 퍼플이 핑크 느낌이라 두 가지 색소를 섞어 쓰면 정직한 보라색을 만들 수 있답니다. 자색고구마 가루는 정직한 보라색으로 발색이 잘되고 가루 입자가 보여서 자연스럽습니다. 개인적으로는 '자색고구마 가루'로 만든 색을 그러데이션에 많이 사용해요. 자색고구마 가루 중에도 진한 색과 흐린 색(핑크에 가까운)이 있는데 이 책에서 사용한 것은 발색이 잘되는 진한 색이에요.

5. Pink

로즈(윌튼)　비트 가루(1스푼)　백년초 가루(2스푼)

가장 대중적인 색으로 플라워케이크를 만드는 사람들이 가장 많이 사용하는 색소예요. 윌튼 색소 중에서도 발색이 가장 잘되는 것이 '로즈'예요. 이 책에서 사용한 양도 이쑤시개에 묻혀서 바닥에 문지르고 남은 정도랍니다. 아주 조금만 사용하는데, 그래도 형광 빛이 난다면 갈색을 조금 섞어서 톤을 낮춰주세요. '핑크' 혹은 '레드레드'색소를 소량 사용해도 핑크색을 만들 수 있습니다.

'비트 가루'는 덩어리가 잘 지기 때문에 물에 개거나 부숴서 사용해야 해요. 소량을 넣으면 연한 분홍색이 나고, 다량 넣으면 핫핑크처럼 강렬한 색이 만들어진답니다. 아주 연한 분홍색에서 강렬한 버건디 컬러까지 넘나들 수 있는 색소예요. 비트 가루가 핫핑크라면 '백년초 가루'는 청순한 분홍색으로 자연스러운 색감이 난답니다. 발색이 나쁘지 않아 가장 많이 사용하는 색소 중 하나예요.

6. Brown

한두 스푼으로 자칫 촌스러운 색을 마법처럼 바꿔주는 것이 갈색이에요. 천연 색소 '코코아 가루'와 윌튼 '브라운' 색소가 가장 많이 사용되는데 2가지 모두 꼭 구입하세요.

발색이 잘되기 때문에 톤을 낮추거나 수술, 나뭇가지 등에 많이 사용된답니다.

7. Blue

'로열블루'는 진한 청록색에 가깝기 때문에 정직한 파랑을 만들려면 아주 많이 넣거나 청치자 가루를 섞어야 해요. 파랑을 표현할 수 있는 천연 색소는 없답니다.
'청치자 가루'는 100% 천연 색소가 아니라 치자 가루에 청색을 섞은 것이에요.

너무 많이 넣으면 색이 탁해서 자칫 곰팡이처럼 보이기도 한답니다. 2가지 모두 발색이 잘되는 편이기 때문에 처음부터 많은 양을 넣지 않는 것이 좋아요.

8. Black

완전한 검정색을 만들고 싶다면 윌튼의 '블랙'을 다량 넣어주세요. 갈색과 마찬가지로 톤을 낮추고, 차갑거나 빈티지한 느낌을 표현하고 싶을 때 블랙을 사용한답니다.

오징어 먹물은 다량 넣어도 블랙만큼 강한 검정색을 내기는 어렵고 많은 양을 넣어야 원하는 색을 만들 수 있어요. 하지만 형광 빛이 거의 나지 않고 색감이 자연스러워요.

COLOR TRAINING

2

기본 색을 이용해
컬러 차트 만들기
| 2차 색 만들기 |

앞에서 만든 기본 색을 이용해 2차 색을 만들어봅니다. 피치 색은 윌튼 색소가 수입되지 않아 만들기 쉽지 않은데 기본 색소를 잘 이용하면 만들 수 있어요. 다양한 색으로 케이크의 완성도를 높일 수도 있고, 시중에서는 팔지 않는 나만의 색으로 더 독특한 케이크를 만들 수 있어요. 많이 사용하는 색으로 자신만의 컬러 차트를 만들어보세요.

1. Orange

비트 가루 + 치자 가루(비율은 대체로 1:2)

빨간색을 만들 때 노란 색소의 비율을 높이면 자연스럽게 주황색을 만들 수 있어요.

노랑이 너무 많이 들어가면 살구색으로 보이고, 빨강의 비율이 높으면 다홍색이 되기 때문에 소량씩 여러 번 넣어 조색합니다.

2. Peach

[비트 가루 + 치자 가루(1:2)] + 백년초 가루(비율은 대체로 1:2)

살구색과 분홍색의 중간으로 원하는 색에 맞춰 색소를 추가하면 됩니다. 흰색과 함께 그러데이션을 하면 부드럽고 차분한 분위기를 표현하기 좋아요.

주황색에 가까운 피치 톤을 원한다면 치자 가루를 좀더 추가하고, 분홍색에 가까운 피치 톤을 원한다면 백년초 가루를 더 넣으면 됩니다.

3. Khaki

모스그린 + 브라운(비율은 대체로 1:2)

흰색과 그러데이션을 해서 램스이어를 만들 때 자주 사용하는 색이에요.

잎사귀를 만들 때 초록색과 갈색은 기본적인 조합이므로 플라워케이크 입문자라면 주의 깊게 보는 것이 좋아요.

4. Navy

청치자 가루 + 블랙(비율은 대체로 1:1)

블랙이 들어가므로 자연스럽게 톤이 낮춰져서 부드러운 분위기를 연출할 수 있어요.

블랙을 너무 많이 넣어 회색이 되지 않도록 주의하세요.

COLOR TRAINING

5. Olive green

치자 가루 + 녹차 가루(비율은 대체로 1:2)

따뜻한 느낌을 주는 색으로 노랑이나 초록색 계열과 굉장히 잘 어울려요.

노랑을 더 넣으면 겨자색에 가까워지고, 초록색을 더 넣으면 연두색에 가까워진답니다.

6. Indian pink

바이올렛 + [비트 가루 + 치자 가루](비율은 대체로 1:2)

분홍색도 연핑크와 핫핑크만으로는 단조로울 수 있어요. 어느 정도 숙련되었다면 소량의 초록색이나 노랑을 섞어보세요.

소량의 빨강과 보라색을 섞으면 자연스럽고 은은한 인디언 핑크를 만들 수 있고, 조금 더 넣으면 자주색(버건디)이 된답니다.

FLOWERCAKE

3

기본 색과 흰색 색소를 이용해
명도 변화 알아보기

기본 색에 흰색 색소를 조금씩 섞으면 짙은 색에서 흐린 색으로 변화하는 과정을 확인할 수 있어요. 특히 흰색을 이용한 그러데이션은 플라워케이크에서 굉장히 많이 사용되므로 꼭 컬러 차트를 만들어두세요. 다양한 명도로 케이크를 만들면 한 가지 색상으로도 풍성하고 고급스러운 느낌을 줄 수 있답니다.

흰색 색소 양에 따른 보라색의 명도 변화

흰색 색소 양에 따른 초록색의 명도 변화

흰색 색소 양에 따른 붉은색의 명도 변화

COLOR TRAINING

4

기본 색과 흰색 색소를 이용해
톤을 낮추는 방법

꽃이 예쁘지 않다고 느껴진다면 색 때문인 경우가 많아요. 채도가 너무 높거나 형광 빛이 많이 나면 자연스럽거나 고급스럽지 않답니다. 꽃뿐만 아니라 잎사귀도 마찬가지예요. 지나치게 밝은색을 살짝 낮추면 자연스럽고 예쁜 꽃을 만들 수 있으니 톤을 낮추는 방법에 대해 알아볼게요.

1. 형광 빛을 줄이는 방법

윌튼 색소는 조금만 넣어도 발색이 잘되어 편리하지만 형광 빛이 강해서 자칫 촌스러워 보일 수 있어요. '다양한 색소를 이용해 컬러 차트 만들기'(129쪽)에 보다 자세한 내용을 실었어요. 색소를 한꺼번에 많이 넣지 않고 소량을 넣어가면서 색의 변화를 확인하세요.

윌튼의 '로즈'로 조색한 장미

2. 갈색 색소로 톤을 낮추는 방법

갈색 색소를 많이 넣으면 당연히 앙금이 갈색으로 변하니 주의하세요. 처음에는 이쑤시개로 아주 적은 양을 넣어 어떻게 색이 변하는지 확인한 다음 원하는 톤이 만들어질 때까지 소량을 여러 번 넣어주세요. 어두운 색이라 앙금이 쉽게 갈색으로 변할 수 있어요.
notice 갈색을 내는 천연 색소로는 코코아 가루를 사용하면 됩니다.

윌튼의 '로즈'에 '브라운'을 섞어 조색한 장미

3. 톤을 낮추고 그러데이션을 연출하는 방법

흰색을 섞어 그러데이션을 연출하면 좀더 밝고 풍성한 색감을 낼 수 있어요. 너무 많이 섞으면 그러데이션이 눈에 띄지 않고 한 가지 색만 보일 수 있으니 주의하세요. 믹싱볼에 넣고 3~4회 정도 섞어주세요. 흰색이 너무 많이 보이면 짤주머니 속에서 다시 섞어주면 되니 처음부터 너무 많이 섞지 마세요.
notice 플라워케이크에서 가장 신경 써야 할 것 중 하나가 잎사귀예요. 꽃은 잘 나오는 반면 잎사귀는 실패하는 경우가 많답니다. 꽃이 밝은색인데 잎사귀가 너무 진하거나, 꽃은 자연스러운 톤인데 잎이 형광 빛이라면 어울리지 않을 거예요. 갈색을 넣어 톤을 낮추고 흰색 앙금과 섞어 그러데이션을 연출하면 자연스럽고 예쁜 잎을 만들 수 있답니다.

윌튼의 '로즈'에 '브라운'을 섞은 다음 흰색 앙금으로 그러데이션한 장미

Burgundy
· 버건디

Pink
· 로즈 소량

Green
쑥 가루 +
브라운 +
모스그린 소량

Brown
코코아 가루
+ 브라운

Red
레드레드 + 브라운 소량

White
화이트

Violet
바이올렛 + 로열블루 소량

Black
· 블랙

Yellow
골든옐로 + 치자 가루

Gray
오징어 먹물 + 블랙 소량

Blue
청치자 가루 + 화이트 + 로열블루 소량

RedViolet
자색고구마 가루 + 로열블루 + 청치자 가루

COLOR TRAINING

5
기본 색과 기본 색 사이의
중간 색 만들기

다양한 색과 어우러지고 자연스러운 그러데이션을 연출하면 플라워케이크가 훨씬 입체적이고 풍성해 보입니다. 빨강-노랑-초록-파랑-보라-핑크 등 비슷한 계열의 색이 자연스럽게 변화하도록 각 기본 색 사이의 중간 색을 만들어보세요. 이런 식으로 컬러 차트를 만들어두면 어떤 색이 서로 어울리는지, 중간 색은 어떤 느낌인지 확인할 수 있어요.

COLOR TRAINING

6
은은한 색 변화가 자연스러운
투톤 그러데이션

색이 자연스럽게 섞이면서 변화하는 그러데이션은 다양한 색 차이를 연출할 수 있어요. 플라워케이크에서는 흰색을 섞거나 짤주머니에 넣어 반반씩 나오게 하는 그러데이션 방법이 있답니다. 그러데이션을 하면 저절로 톤이 낮춰지는 효과도 있고, 2가지 색이 섞이면서 색감이 더욱 풍성해져요. 개인적으로 많이 사용하는 그러데이션 방법은 2가지 색을 볼이나 짤주머니에 넣고 대충 섞거나 중앙에서 바깥쪽으로 원형을 그리는 것이에요.
아래 왼쪽 그림에서 맨 밑에 있는 장미처럼 분홍색과 노란색의 원형 그러데이션을 만드는 방법에 대해 알아볼게요. 먼저 짤주머니에 분홍 앙금을 넣고 그 위에 노란 앙금을 넣은 다음 206쪽을 참고해 장미 3잎을 만들어주세요. 짤주머니 앞쪽에 있는 분홍색 꽃잎이 만들어집니다. 그러고 나서 짤주머니 속에 있는 분홍색 앙금을 덜어내고 분홍색과 노란색의 경계 부분을 자연스럽게 섞은 다음 나머지 장미를 완성하세요. 가운데는 분홍색이고 바깥쪽으로 갈수록 노란색이 되는 원형 그러데이션 장미가 만들어집니다. 마지막에는 분홍색 앙금을 더 넣어도 좋아요. 그러데이션은 무엇보다 2가지 색이 은은하게 섞이는 것이 중요해요.

치자 가루 + 백년초 가루

자색고구마 가루 + 청치자 가루

FLOWERCAKE

COLOR TRAINING

1
투톤 그러데이션 1
짤주머니에 나눠 넣기

정확하게 2가지 색을 나누는 방법으로 평면적인 꽃을 만들 때 주로 사용한답니다. 여기에서는 대표적인 평면 꽃인 애플블로섬을 만들어봤어요.

1. 짤주머니 윗부분을 뒤집어 손을 동그랗게 만들고 짤주머니를 잡아주세요.
2. 주걱으로 흰색 앙금을 벽에 바짝 붙여 짤주머니의 절반을 채워주세요.
3. 나머지 절반의 공간에 색을 섞은 앙금을 넣어주세요.
4. 뒤집은 윗부분을 바로 펴고 스크래퍼로 밀어주세요.

   notice 꽃 안쪽을 진하게 만들고 싶다면 짤주머니 밑부분에 진한 색을 넣고 팁의 두꺼운 부분이 밑으로 가도록 잡아야 합니다.

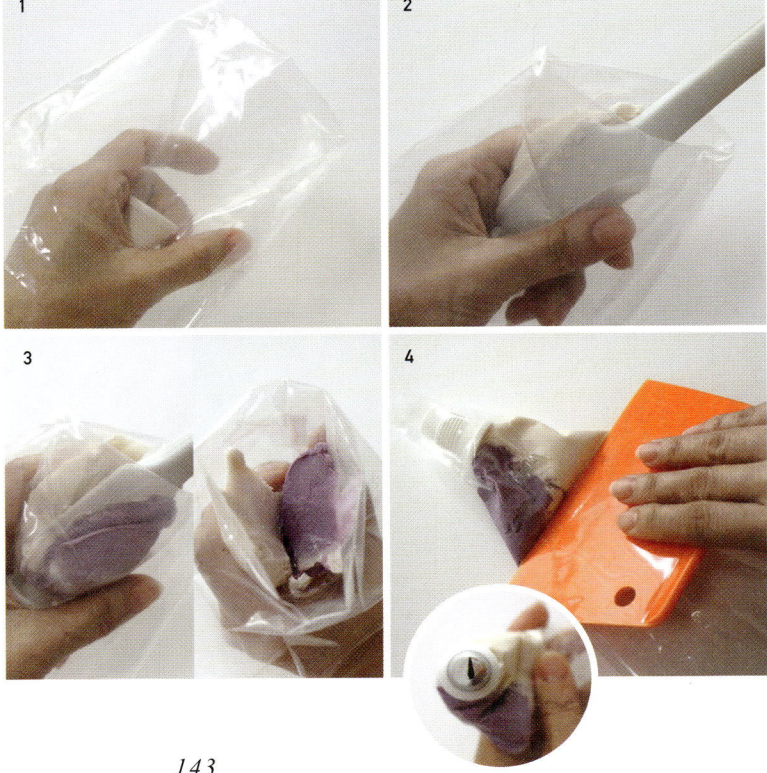

2
투톤 그러데이션 2
믹싱볼에 넣고 섞기

자연스러운 그러데이션을 표현하는 방법으로 흰색과 섞어도 되지만 여러 가지 색을 섞어도 됩니다. 앙금을 많이 섞으면 그러데이션이 제대로 표현되지 않을 수 있으니 조금씩 섞어 자연스러운 색을 만들어주세요.

1. 믹싱볼에 그러데이션을 연출할 앙금을 넣어주세요.
2. 4~5회 주걱으로 자르듯이 섞어주세요.

   notice 흰색이 많이 보인다 싶을 정도로 섞어주세요. 앙금을 짰을 때 흰색이 너무 많이 보이거나 잘 섞이지 않았다고 생각되면 짤주머니를 주물러서 섞어줍니다. 처음부터 많이 섞지 않고 조금씩 섞어가면서 확인하는 것이 좋습니다.

COLOR TRAINING

3
투톤 그러데이션 3
짤주머니에 넣고 섞기

믹싱볼에 넣고 섞는 것과 비슷하게 표현되는 그러데이션 방법으로 빠르게 만들 수 있고 자연스러운 그러데이션을 연출할 수 있어서 개인적으로 많이 사용하는 방법이에요.

1. 짤주머니에 앙금을 반반씩 넣어주세요. 특별히 더 원하는 색의 앙금을 더 많이 넣어도 됩니다.
2. 짤주머니를 손으로 눌러 색을 섞어주세요.

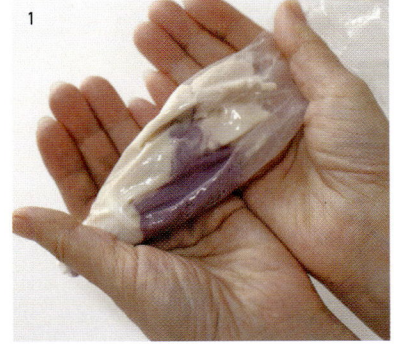
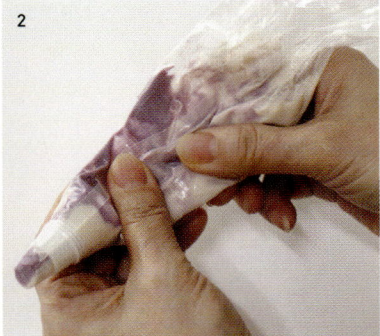

Flower Piping

PART

4

시간과 영감의 만남
꽃
피 우 기

기본적인 꽃부터 좀더 난이도가 높은 꽃까지 57가지의 파이핑 방법을 담았습니다. 기둥이 없고 모양이 납작한 평면적인 꽃과 기둥 위에 짜서 입체적으로 만드는 꽃으로 나눠서 설명하고, 대표적인 꽃과 여러 가지 꽃으로 만든 플라워케이크를 제시했어요. 꽃을 파이핑하기 전에 계획하고 디자인하는 습관을 지녀보세요. 쉽다고 생각되는 꽃은 제쳐두고 어렵게 여겨지는 꽃만 골라서 연습하면 기본기가 다져지지 않으니 책에 설명한 꽃들을 처음부터 차근차근 하나씩 연습할 것을 추천해요. 앙금 꽃의 특징과 함께 주의할 점을 자세히 적어놓았으니 도움이 될 거예요. 사진과 동영상을 보면서 만들기 어려운 꽃과 쉬운 꽃으로 분류하고, 힘 조절과 높이, 각도 등 부족한 부분을 신경 쓰면서 연습해 보세요.

1
평면적인 디자인
A TWO-DIMENSIONAL DESIGN

애플블로섬과 데이지로 만든 플라워케이크

INGREDIENTS

사이즈
미니 사이즈
(12×7)

케이크
백설기
조각 케이크

꽃(팁 번호)
데이지(101), 애플블로(101),
수술(3)

꽃(색)
데이지(화이트), 애플블로섬
(치자 가루), 수술(치자 가루)

1

애플블로섬
Apple Blossom

애플블로섬은 평면적인 디자인에서 가장 기본이 되는 꽃이에요. 동그란 잎 만들기, 잎이 겹치는 정도와 꽃의 균형을 잡는 것 등 기본적인 내용이 포함되어 있답니다. 애플블로섬을 만들 때 가장 중요하면서도 어려운 것이 꽃잎의 균형이에요. 어떤 잎은 크게, 어떤 잎은 작게 만들면 전체적인 균형이 맞지 않는답니다. 어느 정도 능숙해지면 불규칙하게 표현할 수도 있지만 입문자는 균형 잡는 연습을 꼭 해야 해요. 중심을 잡기가 어렵다면 유산지에 미리 다섯 등분을 그린 다음 만들면 좀더 쉽습니다.

INGREDIENTS

팁 번호
101(또는 102)
사용한 색
치자 가루

1. 네일에 유산지를 붙이고 101번 팁을 얇은 부분이 위로 가도록 잡아주세요. 팁의 아랫부분을 바닥에 대고 네일을 잡은 왼손은 반시계 방향으로 돌리면서 팁을 위로 올렸다가 내려 잎을 동그랗게 만들어주세요. 짜자마자 바로 떼는 느낌으로 합니다.

2. 1에서 만든 꽃잎의 뒤쪽에 팁을 대고 같은 방법으로 꽃잎 4개를 앞의 잎과 살짝 겹쳐가면서 만들어주세요. 너무 많이 겹치면 균형이 맞지 않으니 주의하세요.

FLOWER PIPING

2
데이지
Daisy

데이지는 적당한 크기로 만들어서 컵 설기에도 올리고 손톱만큼 작게 만들어서 이미 완성된 꽃 위에 올리기도 해요. 아주 작게 만들어서 올리면 꽃이 흩뿌려진 느낌을 주어 훨씬 아름답고 완성도가 있답니다. 여러 가지 크기의 데이지를 만들어서 활용해 보세요. 데이지와 애플 블로섬은 평면적인 꽃의 기본이기 때문에 플라워케이크 입문자는 반드시 여러 번 연습해야 해요.

INGREDIENTS

팁 번호
101(또는 102), 3
사용한 색
꽃잎 : 흰색 앙금(화이트),
수술 : 치자 가루

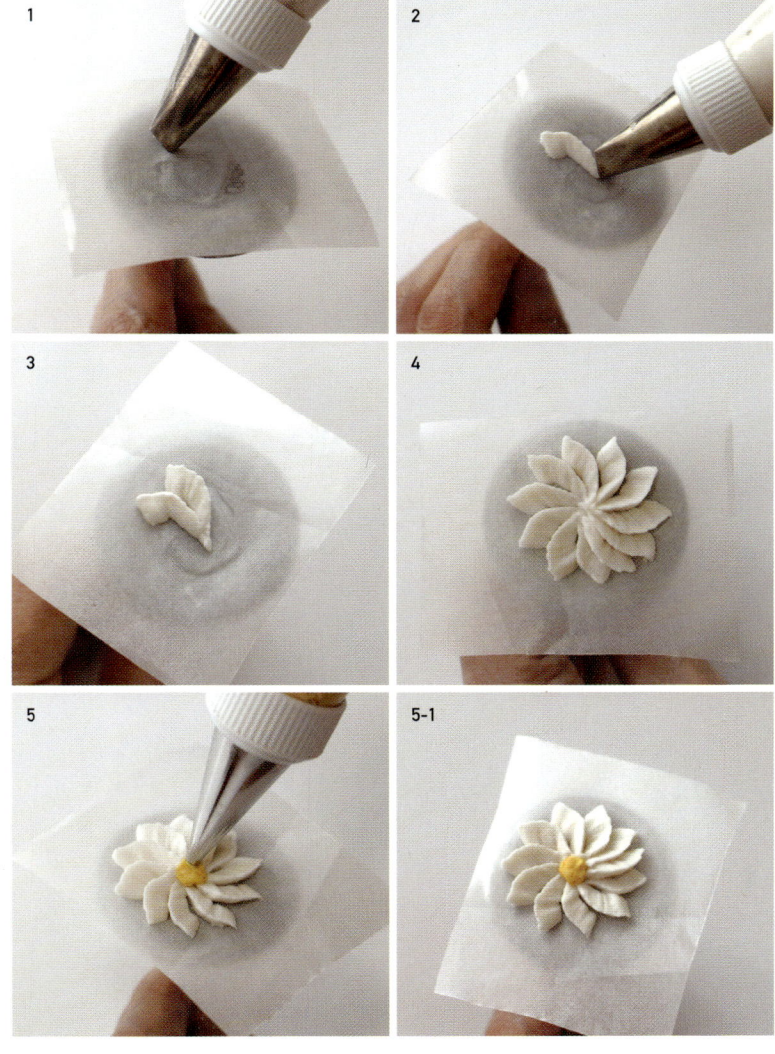

1. 네일에 유산지를 붙이고 101번 팁을 얇은 부분이 위로 가도록 잡아주세요.

2. 눕혀서 대각선으로 짧게 짜다가 방향을 바꿔 얇고 길게 밑으로 내려주세요. 팁을 네일에서 살짝 들어 짠다는 느낌으로 꽃잎을 만들어주세요.

   notice 옆에서 봤을 때 꽃잎이 살짝 세워진 느낌으로 만듭니다.

3. 2의 꽃잎 옆에 팁의 아랫부분을 대고 동일한 모양으로 꽃잎을 만들어주세요.

   notice 꽃잎끼리 살짝 붙어야 꽃을 옮길 때 부러지지 않습니다.

4. 1~3의 방법으로 꽃잎을 10~12개 정도 동그랗게 만들어주세요.

5. 3번 팁으로 가운데 동그랗게 수술을 만들어주세요.

양귀비와 램스이어로 만든 플라워케이크

INGREDIENTS

사이즈
미니 사이즈(12×7),
미니 사이즈(7×7)

케이크
백설기

꽃(팁 번호)
양귀비(122),
수술(3, 1),
램스이어(104)

꽃(색)
양귀비(화이트, 셰프마스터 슈퍼레드+브라운),
수술(치자 가루 혹은 골든옐로, 모스그린+브라운),
램스이어(쑥 가루 혹은 모스그린+브라운)

FLOWERCAKE

3
양귀비
Poppy

생화와 꼭 닮은 앙금 꽃을 만들 수 있는 것이 바로 양귀비예요. 매우 작은 구멍의 1번 팁으로 수술을 짤 때는 손이 부들부들 떨리지만 완성된 것을 보면 생화인지 앙금 꽃인지 구분하기 힘들 정도랍니다. 얇은 수술이 많아야 더 정교한 꽃이 완성되니 힘들어도 촘촘하게 만들어보세요.

INGREDIENTS

팁 번호
122, 1, 3

사용한 색
꽃잎 : 셰프마스터 슈퍼레드+브라운
수술 : 골든옐로 혹은 치자가루, 모스그린+브라운

1. 네일에 유산지를 붙이고 122번 팁의 얇은 부분이 위로 가도록 잡는데, 팁을 세우지 않고 눕혀주세요.

2. 네일을 반시계 방향으로 아주 천천히 돌리면서 팁을 천천히 위로 올려 동그란 꽃잎을 짜주세요. 네일보다 살짝 작게 만드는데, 오른손을 조금씩 흔들어서 얇은 주름이나 갈라진 표현을 만들어주면 좀더 꽃잎이 자연스러워요. 가운데는 막아도 되고 그대로 두어도 된답니다.

   notice 케이크 디자인에 따라 꽃의 크기가 달라집니다.

3. 1~2를 반복해 4~5개의 꽃잎을 만들어 30분~1시간 이상 얼려주세요.

1  2

2-1 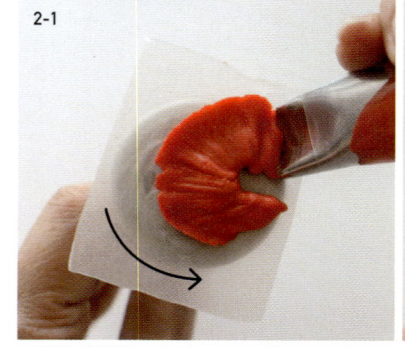 2-3

2-4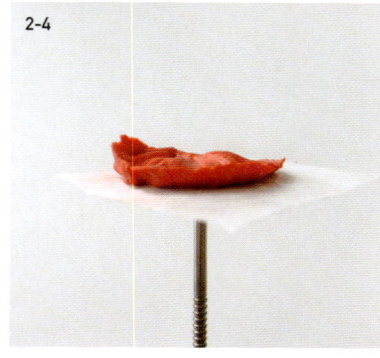

FLOWER PIPING

4. 유산지에서 떼어 5개 혹은 4개의 꽃잎을 겹쳐서 붙여주세요. 작은 케이크에 직접 5개의 꽃잎으로 큰 꽃을 만들어도 되고, 네일 위에 꽃을 만들어서 꽃가위로 옮겨도 된답니다. 여기서는 유리판에 꽃잎 4개로 꽃을 만들었어요.

5. 3번 팁으로 가운데 동그랗게 기둥을 만들어주세요.

6. 1번 팁으로 기둥 가까이 작은 수술을 만들어주세요.

7. 6에서 짠 작은 수술부터 기둥까지 길게 당겨 짜서 이어주세요.

    notice 빠르게 당겨 짜면 끊어지니 중간에 힘을 빼지 말고 같은 강도로 천천히 만들어주세요.

8. 3번 팁으로 수술 가운데 막을 만들듯이 앙금을 동그랗게 짜주세요.

9. 8의 작은 막 위에 1번 팁으로 별 모양을 만들어 양귀비꽃을 완성합니다.

4

램스이어
Lamb's-ear

FLOWERCAKE

큰 잎사귀를 만들어볼까요. 각종 잎들의 기본이 되는 램스이어는 애플블로섬에서 변형된 디자인이에요. 애플블로섬을 충분히 연습하고 나면 램스이어를 어렵지 않게 만들 수 있답니다. 흰색 앙금과 초록 앙금을 섞어 그러데이션을 넣어주면 좀더 자연스럽고 진짜 잎처럼 표현할 수 있어요. 파이핑 외에 주의할 점은 바로 속도예요. 앙금은 얼리는 데는 오래 걸리고 냉동실에서 꺼내면 빨리 녹아버리니 곧바로 원하는 자리에 꽂아주세요.

INGREDIENTS

팁 번호
103, 104
사용한 색
모스그린+브라운+흰색 앙금(화이트)

1. 유산지에 앙금을 살짝 묻힌 다음 네일에 붙여주세요. 103번이나 104번 팁을 얇은 부분이 위로 가도록 잡아주세요. 네일의 아래에서 위로 살짝 물결 모양으로 올린 다음, 잠시 멈췄다가 네일을 반시계 방향으로 살짝 돌려주세요.

   notice 이때 왼손으로 네일을 움직이면서 오른손을 함께 멈추지 않으면 잎의 위쪽이 뾰족하게 만들어지지 않습니다. 둥근 모양의 잎을 만들고 싶으면 오른손을 멈추지 않아도 되지만 뾰족한 잎을 만들고 싶다면 양손을 이용해야 합니다.

   point 큰 램스이어를 만들 때는 122번이나 123번 팁을 사용합니다.

2. 계속해서 손을 떼지 않고 밑으로 내려 꽃잎이 시작된 부분을 닫는 느낌으로 마무리하세요.

point 일자로 내려도 좋지만 곡선으로 만들면 좀더 입체적인 잎이 완성됩니다. 다양한 모양의 잎을 만들고 싶다면 여러 가지 방법을 시도하는 것이 좋습니다.

notice 내려올 때 팁을 너무 많이 세우면 잎 모양이 이상해지므로 주의합니다.

3. 트레이에 올려 냉동실에 넣고 1시간 이상 얼려주세요.

   notice 앙금은 얼리는 데는 시간이 오래 걸리지만 녹는 데는 1분도 걸리지 않으니 냉동실에서 꺼내자마자 바로 작업해야 합니다.

4. 1~2를 반복할 때 힘의 강약을 조절해 가면서 짜면 주름이 많은 잎을 만들 수 있어요.

백일홍과 베이비 수국, 빅 국화, 빅 장미로 만든 플라워케이크

INGREDIENTS

사이즈	케이크	꽃(팁 번호)	꽃(색)	어레인지
컵 설기	백설기	백일홍(103), 베이비 수(352), 빅 국화(81), 빅 장미(103)	백일홍(자색고구마 가루), 베이비 수국(백년초 가루), 빅 국화(백년초 가루+치자 가루), 빅 장미(비트 가루)	컵 설기 위에 파이핑

FLOWERCAKE

5
백일홍
Crape Myrtle

백일홍의 동그란 꽃잎은 크기가 균일해야 합니다. 크기가 다르면 전체적으로 꽃이 틀어진 느낌이 들 수 있습니다. 균일한 모양이 컵 설기에 올려졌을 때 특히 더 예쁜 꽃이에요. 하지만 네일 위에 작게 만들어서 데이지나 애플블로섬처럼 사용해도 좋답니다.

INGREDIENTS

팁 번호
103, 3
사용한 색
꽃잎 : 자색고구마 가루
수술 : 코코아 가루

1. 103번 팁을 얇은 부분이 위로 가도록 잡고 컵 설기 가장자리에서 약간 안쪽 바닥에 팁의 아랫부분을 살짝 댑니다.

2. 왼손으로 컵 설기를 반시계 방향으로 돌리면서 팁을 위에서 아래로 내려 동그란 모양의 꽃잎을 만들어주세요.

   notice 팁을 컵 설기에 바짝 대고 시작하자마자 팁을 살짝 떼는 방식으로 꽃잎을 짜주세요. 옆에서 봤을 때 한쪽 꽃잎은 바닥에 붙어 있고 다른 한쪽 꽃잎은 살짝 떨어진 느낌입니다.

3. 컵 설기 가장자리를 따라 같은 방법으로 꽃잎을 만들어주세요. 꽃잎끼리 너무 많이 붙으면 꽃이 작아 보일 수 있으니 가장자리만 살짝 겹쳐주세요.

4. 2~3을 반복해 가장자리 꽃잎 안쪽에 다시 동그랗게 꽃잎을 만들어주세요.

   notice 위에서 봤을 때 동그란 원이 되도록 균형을 맞춰주세요.

5. 마지막 꽃잎을 짜기 위해 컵 설기 가운데 일자로 앙금을 짜 올려주세요.

6. 2~3의 방법으로 가운데 5~6개의 꽃잎을 만들어주세요.

7. 이제 수술을 만들 차례예요. 3번 팁으로 가운데 동그란 기둥을 만들고 그 위에 작은 수술을 짜 올려서 완성합니다.

FLOWERCAKE

6
베이비 수국
Baby Hydrangea

사랑스럽고 귀여운 베이비 수국은 간단한 파이핑으로 어렵지 않게 만들 수 있어요. 보통 생화와 비슷한 분홍색이나 보라, 하늘색을 가장 많이 선택하는데, 어느 정도 연습한 후에는 연두색과 핑크색 등을 섞어서 생화처럼 표현할 수도 있답니다.

INGREDIENTS

팁 번호
352, 3

사용한 색
백년초 가루

1. 352번 팁을 뾰족한 부분이 위로 가도록 잡아주세요.
2. 컵 설기 위에 날을 바짝 대고 꽃잎을 짜되, 처음에는 두꺼웠다가 점점 얇아지도록 합니다.
   notice 꽃잎은 너무 큰 것보다 작은 것이 예뻐요.
3. 컵 설기를 돌려 2에서 만든 꽃잎의 맞은편에 같은 방법으로 꽃잎을 만들어주세요.
4. 다시 90도 돌려서 두 꽃잎 사이에 팁을 바짝 대고 1~2의 방법으로 꽃잎을 만들어주세요.
   notice 먼저 만든 2잎 위로 나머지 2잎을 올리면 밑의 2잎이 보이지 않으니 주의합니다.

FLOWER PIPING

5. 1~4의 과정을 반복해 컵 설기 위에 베이비 수국을 가득 만들어주세요.

   notice 원칙적으로 4개의 작은 꽃잎을 가진 꽃을 반복해서 만드는 것이지만 공간이 부족하면 1~3개의 꽃잎으로 만들어도 됩니다. 반드시 꽃잎이 4개일 필요는 없습니다.

6. 5까지 완성해도 되지만 여기서는 수술을 만들어볼게요. 3번 팁으로 베이비 수국의 중앙에 수술을 만들어주세요.

   notice 수술이 뾰족하게 올라오지 않도록 살짝 눌러서 마무리합니다.

7

빅 국화

Big Chrysanthemum

FLOWERCAKE

동일한 잎이 반복되기 때문에 다른 꽃들보다 난이도가 낮은 편이지만 적절한 힘 조절이 필요합니다. 국화를 컵 설기 위에 크게 올리는 것이므로 전체적인 모양을 염두에 두어야 해요. 꽃잎을 너무 많이 세우면 예쁘지 않고 너무 많이 눕히면 뒤에 잎사귀를 짤 공간이 없으니 꽃잎의 각도에 주의해야 합니다. 또한 수술이 가운데 있기 때문에 꽃잎의 균형이 맞지 않으면 꽃 전체가 삐뚤어져 보일 수 있으니 주의하세요.

INGREDIENTS

팁 번호
81, 3

사용한 색
꽃잎 : 백년초 가루+치자 가루
수술 : 코코아 가루

1. 81번 팁을 움푹 패고 숫자가 적힌 부분이 위로가도록 잡아주세요.

2. 팁을 세워서 컵 설기 중앙에 꽃잎을 만들되 두껍게 시작해서 얇게 마무리하세요.

   notice 꽃잎이 너무 길면 뒤로 쓰러질 수 있으니 1cm 이하로 짧고 굵게 만듭니다. 또한 꽃잎 아랫부분이 얇으면 앞의 꽃잎이 쓰러질 수 있으니 너무 얇지 않게 만듭니다.

3. 1~2의 방법으로 동그랗게 꽃잎을 만들어주세요. 이때 잎을 살짝 겹치고 가운데 수술이 들어갈 자리는 비워두세요.

4. 1~3을 반복해 앞에서 만든 꽃잎 사이사이 꽃잎을 만들어주세요.

FLOWER PIPING

5. 중앙에서 멀어질수록 팁을 조금씩 눕혀서 짜면 꽃이 피는 모양이 만들어집니다. 컵 설기 끝까지 꽃잎을 채워주세요.

   notice 너무 갑자기 팁을 눕히면 꽃잎이 쓰러질 수 있으니 주의합니다.

6. 3번 팁으로 가운데 수술을 천천히 만들어주세요. 여기서는 6개의 수술을 만들었어요.

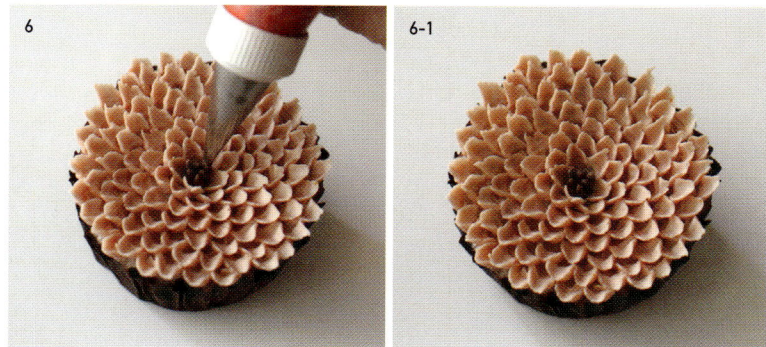

FLOWERCAKE

8
빅 장미
Big Rose

빅 국화와 마찬가지로 장미를 컵 설기 위에 크게 올리는 거예요. 꽃이 제 모양을 갖춰야 하므로 특별히 균형에 신경 써야 한답니다. 컵 설기를 잡은 왼손을 너무 빨리 돌리면 꽃잎이 끊어질 수 있고, 너무 천천히 돌리면 잎에 주름이 생기니 주의하세요.

개인적으로는 그러데이션을 연출한 빅 장미를 많이 만드는 편이에요. 각 꽃잎마다 그러데이션을 줄 수도 있고, 꽃의 중앙부터 짙은 색으로 시작해 바깥쪽으로 갈수록 하얗게 만들 수도 있답니다.

INGREDIENTS

팁 번호
103(또는 104)
사용한 색
백년초 가루, 흰색 앙금(화이트)

1. 103번 팁을 얇은 부분이 위로 가도록 잡은 다음 팁을 세워 두껍게 시작해서 점점 얇아지는 작은 기둥을 만들어주세요.

2. 이제 봉오리를 만들어주세요. 왼손으로 컵 설기를 반시계 방향으로 돌리면서 팁의 아랫부분을 기둥에 바짝 붙이고 짜주세요.

   <u>notice</u> 팁을 11시 방향으로 살짝 기울여서 만듭니다.

3. 이제 3개의 꽃잎을 만들 차례예요. 팁을 세워서 봉오리에 바짝 대고 봉오리보다 조금 높게 3개의 꽃잎을 만들어주세요. 위에서 보았을 때 꽃잎 3개가 정삼각형을 이루도록 각각 일자로 짜주세요.

4. 계속해서 5개의 꽃잎을 만들어 주세요. 2~3의 꽃잎 3개 중 하나에 팁을 바짝 대고 일자로 짠 다음 아래로 내리는 방법으로 만듭니다.

5. 4의 방법으로 5개의 꽃잎을 만들되 위에서 보았을 때 정오각형 모양이 되도록 꽃잎의 길이를 비슷하게 만들어주세요.
   notice 꽃잎끼리 조금씩 겹쳐져야 빈 공간이 생기지 않습니다.

6. 앞의 꽃잎과 동일한 방법으로 만드는데, 팁을 1~3시 방향으로 조금씩 눕혀서 꽃이 피어나는 모습을 연출해 주세요.
   notice 팁의 아랫부분을 꽃잎에 바짝 붙여야 꽃잎이 떨어지지 않습니다.

7. 5~6의 방법으로 5개의 꽃잎을 3~4세트 더 만든 다음 위에서 보았을 때 꽃의 모양이 전체적으로 균형이 맞는지 확인하고 마무리합니다.

다양한 나뭇잎과 블루베리로 만든 플라워케이크

INGREDIENTS

사이즈
미니 사이즈
(12×7)

케이크
백설기 조각 케이크

꽃(팁 번호)
각종 나뭇잎(101, 102),
블루베리(3)

꽃(색)
각종 풀들(모스그린+브라운),
블루베리(바이올렛+블랙)

9
다양한 나뭇잎 만들기 1
Creating Various Leaves

꽃을 든든하게 받쳐주는 각종 나뭇잎과 풀들을 장식하면 생동감을 불어넣고 완성도를 높일 수 있어요. 352번 팁으로 만드는 기본 나뭇잎도 좋지만 101번 또는 102번 팁으로 다양한 모양의 나뭇잎을 만들어 꽃과 함께 올려보세요. 꽃과 잘 어울리는 나뭇잎이 더해지면 케이크가 훨씬 화려해진답니다.

INGREDIENTS

팁 번호
101(또는 102)
사용한 색
모스그린+브라운

1. 유산지를 네일보다 조금 크게 잘라 앙금을 묻힌 다음 네일에 붙여주세요.
2. 101번이나 102번 팁을 얇은 부분이 위로 가도록 잡고, 위에서 아래로 짧게 일자 모양으로 잎을 만들어주세요.
3. 2의 잎 아래 양쪽으로 대각선 방향의 잎을 2개 만들어주세요.
   notice 2와 3에서 만든 잎이 서로 붙어야 설기 위에 올릴 때 잎이 부러지지 않습니다.
4. 3의 방법으로 계속 짜되 잎을 점점 길게 만들어주세요.
5. 트레이에 올려서 냉동실에 넣고 30분~1시간 이상 얼려주세요.
   notice 앙금을 얼리는 데는 시간이 오래 걸리지만 냉동실에서 꺼내면 1분 내로 녹기 때문에 최대한 빨리 작업을 완료합니다.

FLOWER PIPING

다양한 나뭇잎 만들기 2
Creating Various Leaves

INGREDIENTS

팁 번호
101 (또는 102)

사용한 색
모스그린+브라운+골든옐로의 선명한 그러데이션

1. 네일에 유산지를 붙이고 101번이나 102번 팁을 얇은 부분이 위로 가도록 잡은 다음 네일을 잡은 왼손은 반시계 방향으로 돌리고 오른손으로는 동그란 모양의 잎을 만들어주세요.

2. 1의 방법으로 반복하되 전체적으로 둥근 잎이 길게 이어지도록 만들어주세요.

   notice 앞에서 만든 잎과 떨어지지 않게 잘 붙여야 케이크 위에 올릴 때 부러지지 않습니다.

3. 트레이에 올려 냉동실에 넣고 30분~1시간 이상 얼려주세요.

173

목련과 라벤더로 만든 플라워케이크

INGREDIENTS

사이즈	케이크	꽃(팁 번호)	꽃(색)	어레인지
미니 사이즈 (12×7)	백설기	목련(122), 수술(1 또는 3), 라벤더(16)	목련(화이트), 수술(치자 가루+녹차 가루, 화이트), 라벤더(바이올렛+화이트)	블로섬

10
목련
Magnolia

FLOWERCAKE

목련은 램스이어에서 변형된 디자인으로 램스이어를 충분히 연습하고 나서 만들면 쉬워요. 다른 점이라면 램스이어보다 좀더 평면적이고 길게 만든다는 거예요. 여기서는 평평하게 만들어 원하는 자리에 올렸지만 꽃과 꽃 사이에 세워서 꽂으면 좀더 입체적으로 표현할 수 있어요. 꽃잎의 개수는 똑같지 않아도 된답니다.

INGREDIENTS

팁 번호
122, 3, 16

사용한 색
꽃잎 : 레드레드+브라운+흰색 앙금(화이트)
바깥 수술 : 흰색 앙금(화이트)
안쪽 수술 : 블랙, 모스그린+브라운

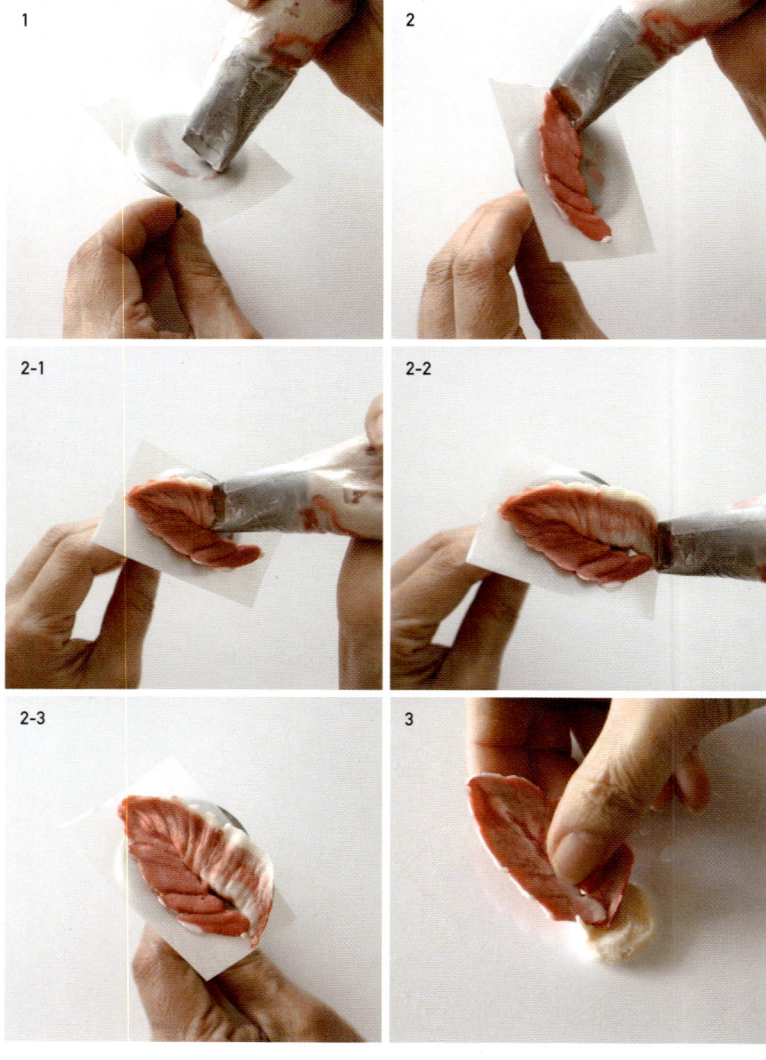

1. 유산지를 네일보다 조금 더 크게 잘라 앙금을 묻혀서 붙이고 122번 팁을 얇은 부분이 위로 가도록 잡아주세요.

2. 아래에서 위로 일자로 올려 꽃잎을 만들어주세요. 위에서 잠시 멈췄다가 팁을 세워서 아랫부분에 살짝 곡선을 만들면서 내려옵니다. 원하는 개수만큼 만들어 냉동실에 넣고 30분 이상 얼려주세요.

   point 올라갈 때는 팁을 눕히고 내려올 때는 살짝 세웁니다.

   notice 꽃잎을 짤 때 누르는 느낌으로 손에 힘을 넣었다 빼면서 주름을 만듭니다. 힘을 너무 세게 주면 주름이 과할 수 있으니 주의합니다.

FLOWER PIPING

3. 이제 원하는 자리에 꽃잎을 하나씩 붙여주세요. 평평하게 붙여도 되고 잎을 세워서 입체적으로 붙여도 됩니다.

4. 꽃 가운데 수술을 만들 차례예요. 먼저 3번 팁으로 검은색 수술을 만들고 바깥쪽에 16번 팁으로 흰색 수술을 만듭니다. 다시 3번 팁으로 검은색 수술 위에 작은 수술을 5~6개 만들어주세요.

FLOWERCAKE

11
라벤더
Lavender

플라워케이크의 꽃과 꽃, 잎사귀 사이에 라벤더를 올리는 경우가 많아요. 꽃은 기둥을 먼저 만들지만 라벤더는 받침대를 먼저 만든 다음 그 위에 다양하게 표현합니다. 굵고 짧은 것보다 길고 얇은 것이 훨씬 생화 같고 아름답습니다. 라벤더는 일반적으로 케이크 위에 직접 만들지만 여기서는 편의상 네일 위에 파이핑을 했어요.

INGREDIENTS

팁 번호
16
사용한 색
바이올렛+흰색 앙금(화이트)

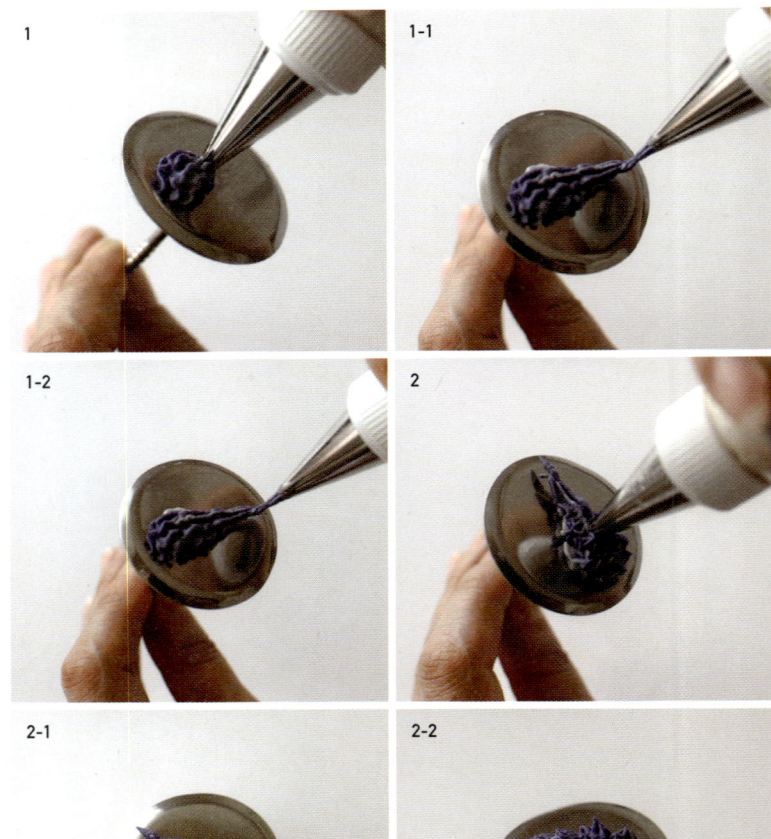

1. 16번 팁으로 먼저 받침대를 만들어주세요. 처음에는 두껍게 시작하다가 점점 힘을 빼면서 뾰족하고 길게 만듭니다.

2. 계속해서 받침대 위에 짧게 끊듯이 거칠게 잎을 만들어주세요.
   <u>notice</u> 꾹 누르지 않고 긁는다는 느낌으로 마무리해야 훨씬 생화 같은 느낌을 줄 수 있습니다.

카라와 나뭇가지, 나뭇잎 리스, 큰 잎 해바라기 그리고 아네모네로 만든 컵 설기

INGREDIENTS

사이즈	케이크	꽃(팁 번호)	꽃(색)	어레인지
4cm	컵 설기	카라(122), 나뭇가지(3), 나뭇잎 리스(352), 큰 잎 해바라기(101 또는 102, 3, 1), 아네모네(103, 3), 램스이어(104)	카라(화이트, 치자 가루), 나뭇가지(브라운, 모스그린+브라운), 나뭇잎 리스(레드레드+브라운), 큰 잎 해바라기(골든옐로, 블랙+화이트+모스그린), 아네모네(화이트, 블랙) 램스이어(모스그린+브라운+화이트)	컵 설기 위에 올림

FLOWERCAKE

12
카라
Calla

청순한 카라는 크게 만들어 변형 리스를 어레인지할 때 밑에 깔아도 되고, 조금 작게 만들어 리스 위에 올려도 좋아요. 깨끗한 이미지로 어디나 잘 어울리는 꽃이랍니다. 카라의 수술은 너무 크지 않게 만들어야 자연스러워요. 그리고 수술이 짧은 것보다 길고 얇은 것이 훨씬 잘 어울린답니다.

INGREDIENTS

팁 번호
122, 3
사용한 색
꽃잎 : 흰색 앙금(화이트)
수술 : 골든옐로

1. 네일에 유산지를 붙이고 122번 팁을 얇은 부분이 위로 가도록 잡아주세요.

   <u>notice</u> 이때 팁을 완전히 눕히지 않고 살짝 세워야 입체적인 카라를 만들 수 있습니다.

2. 일자로 길게 짜서 올리고 위에서 잠시 멈췄다가 네일을 잡은 왼손은 반시계 방향으로 살짝 돌려주세요. 그러고 나서 아래로 내려 처음 일자로 올린 꽃잎과 겹쳐주세요.

   <u>notice</u> 내려올 때 팁을 너무 많이 눕히면 수술을 짤 공간이 없어집니다. 팁을 최대한 세워 처음 올린 꽃잎에 완전히 붙입니다.

3. 3번 팁으로 3분의 2 지점까지 길게 기둥을 만들되 아래쪽은 두껍고 위로 갈수록 얇게 표현하세요. 기둥 위에 작은 수술을 여러 개 만들어 완성합니다.

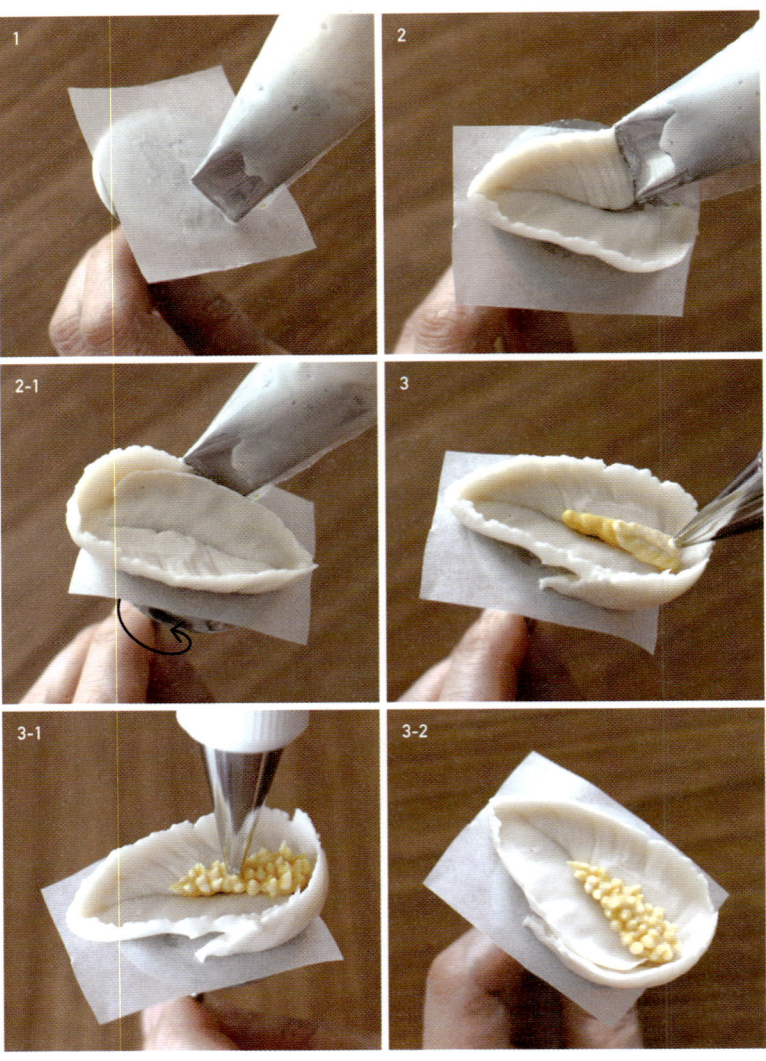

182

FLOWER PIPING

13
나뭇잎 리스
Leaf Lease

나뭇잎을 하나씩 화관처럼 둥근 모양으로 세워서 배치하고 가운데를 비워두는 디자인이에요. 나뭇잎 위에 라벤더나 베리 등을 올리면 아주 잘 어울린답니다. 나뭇잎의 방향이 불규칙하면 풍성한 느낌을 줄 수 있으니 다양한 방법으로 리스를 만들어보세요.

INGREDIENTS

팁 번호
352, 3

사용한 색
나뭇잎 : 므스그린+브라운
베리 : 레드레드

1. 352번 팁을 뾰족한 부분이 위로 가도록 잡아주세요. 팁을 세워서 짜되 처음에는 두껍게 시작해서 점점 얇아지는 잎을 만들어주세요.

    notice 리스 잎은 짧고 굵어야 예쁘고, 옆에서 봤을 때 잎이 대각선 방향으로 세워져야 합니다. 잎이 평평하지 않도록 주의합니다.

2. 잎을 계속 만들어 화관 모양으로 배열해 주세요. 짜는 방향은 조금 불규칙해야 모양이 예쁘게 나온답니다. 위에서 봤을 때 가운데 원 모양의 공간이 나타나도록 균형을 맞춰서 나뭇잎을 배치해 주세요.

3. 3번 팁으로 베리를 3개씩 동그랗게 만들어 삼각형으로 균형을 맞춰주세요.

14
나뭇가지
Branch

꽃, 잎사귀와 함께 어우러지면 참 예쁜 나뭇가지. 만들기도 어렵지 않고 조색도 간단한 편이어서 플라워케이크에 많이 사용해요. 작은 잎사귀나 작은 꽃잎, 베리 등을 올려주면 더 화려하고 실제 나뭇가지처럼 보인답니다.

INGREDIENTS

팁 번호
3
사용한 색
코코아 가루

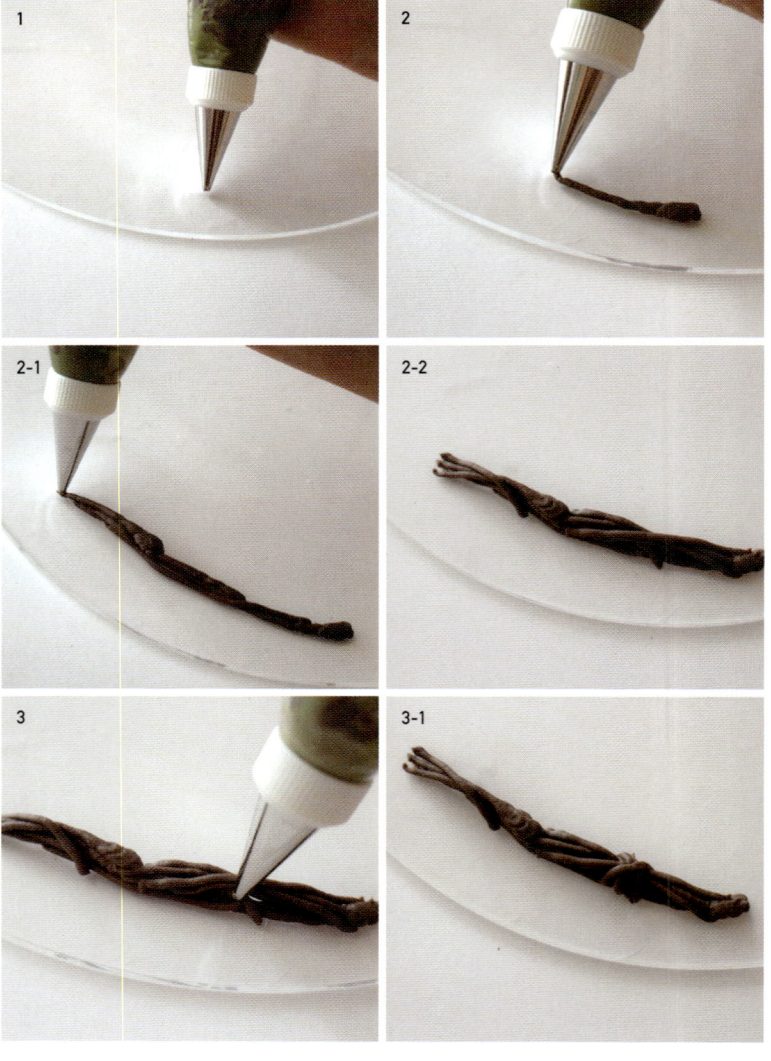

1. 3번 팁을 끼우고 원하는 부분에 세웁니다.
2. 천천히 나뭇가지를 만들어주세요. 조금 두껍게 시작해서 조금씩 얇아져야 해요. 어떤 부분은 두껍게, 어떤 부분은 얇게 짜고, 짧은 가지에 긴 가지를 이어 붙이는 등 불규칙한 두께와 길이로 가지를 만듭니다.
3. 'X' 자 형태로 짧은 가지가 서로 묶인 듯이 표현해 보세요.
   notice 가지 위나 옆에 352번 팁으로 잎을 작게 짜거나 3번 팁으로 베리, 16번 팁으로 라벤더를 올리면 훨씬 감성적인 나뭇가지가 완성됩니다.
   210, 274, 178쪽 참고

FLOWER PIPING

15
누운 잎
Leaf

자연스러운 느낌을 살리거나 생화 같은 케이크를 만들고 싶을 때는 누운 잎을 사용하는 것이 효과적이에요. 크게 만들어도 되지만 작게 만들어 꽃 사이사이에 넣어줘도 된답니다. 바닥에 직접 만들어도 되고, 유산지 위에 만들어 얼렸다가 하나씩 원하는 자리에 붙여도 좋아요.

INGREDIENTS

팁 번호
104번 변형 팁(021쪽 참고)
사용한 색
로열블루+모스그린

1. 104번 팁을 얇은 부분이 위로 가도록 잡고 바닥에서 살짝 떼어 팁의 폭만큼 짜 내려오다가 바닥으로 살짝 눌러 마무리하세요.
2. 1의 방법으로 잎을 여러 개 만들어 보세요.
3. 1~2의 방법으로 짜되 팁을 살짝 눕혀주세요. 힘을 주면서 짜면 잎에 굴곡을 만들 수 있고, 팁을 눕혀서 짜기 때문에 잎의 크기도 커진답니다.
4. 잎을 3~4개 더 만들어주세요.

FLOWERCAKE

16
아네모네
Anemone

평면적인 디자인의 꽃이지만 어떤 식으로 붙이느냐에 따라 입체적으로 보이기도 하는 꽃이에요. 애플블로섬이나 데이지처럼 꽃잎을 잇지 않고 하나하나 따로 붙이기 때문에 어떤 꽃잎은 살짝 세우고 어떤 꽃잎은 눕혀서 붙이기도 해요. 주름을 살짝 주거나 갈라진 표현을 하면 훨씬 생화와 흡사하게 완성할 수 있답니다.

INGREDIENTS

팁 번호
103(또는 104), 1(또는 3)
사용한 색
꽃잎 : 흰색 앙금(화이트)
수술 : 블랙

1. 유산지를 네일보다 조금 크게 잘라 네일에 앙금을 묻혀 붙여주세요. 103번(또는 104번) 팁을 얇은 부분이 위로 가도록 잡고 팁을 살짝 눕혀주세요.

2. 왼손으로는 네일을 반시계 방향으로 돌리고 오른손으로는 동그랗게 원을 그리며 가운데로 팁을 내려 꽃잎을 닫아주세요.

   notice 팁을 흔들거나 살짝 앞으로 눌러 주름과 갈라진 표현을 하면 좀더 자연스러운 느낌을 줄 수 있습니다. 디자인에 따라 꽃의 크기를 다양하게 만듭니다.

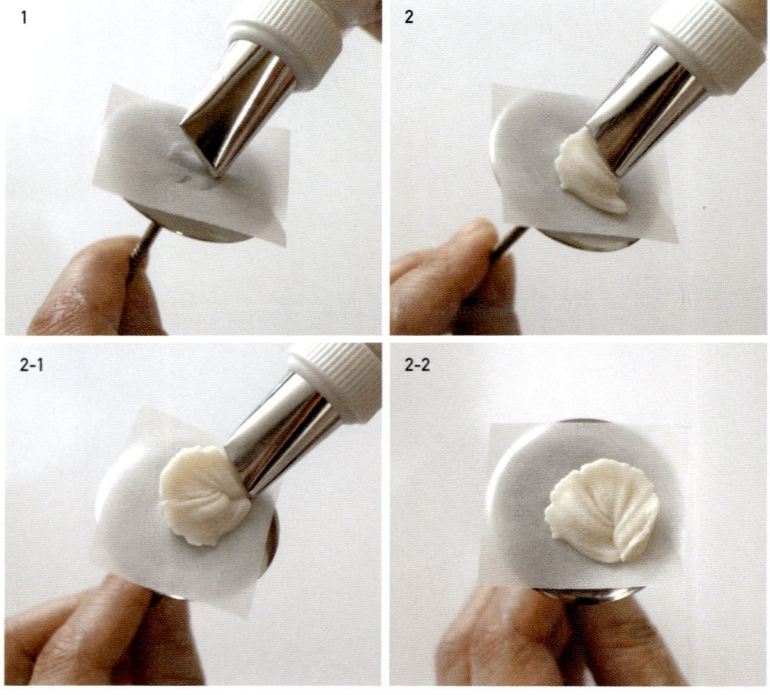

FLOWER PIPING

3. 5~6개의 꽃잎을 만들어 냉동실에 넣고 30분~1시간 이상 얼려주세요.

   notice 평평한 꽃들은 기둥이 없기 때문에 꽃가위로 옮길 수 없으니 대부분 얼려서 사용합니다.

4. 유산지에서 살살 떼어낸 잎을 겹쳐서 모양을 잡아주세요.

5. 1번(또는 3번) 팁으로 중앙에 작은 수술을 여러 개 만들어주세요. 중앙의 수술 바깥쪽으로 둘러서 수술을 더 만들어주세요.

6. 바깥쪽 수술에서 중앙의 수술까지 일자로 이어지는 긴 수술을 만들어 완성합니다.

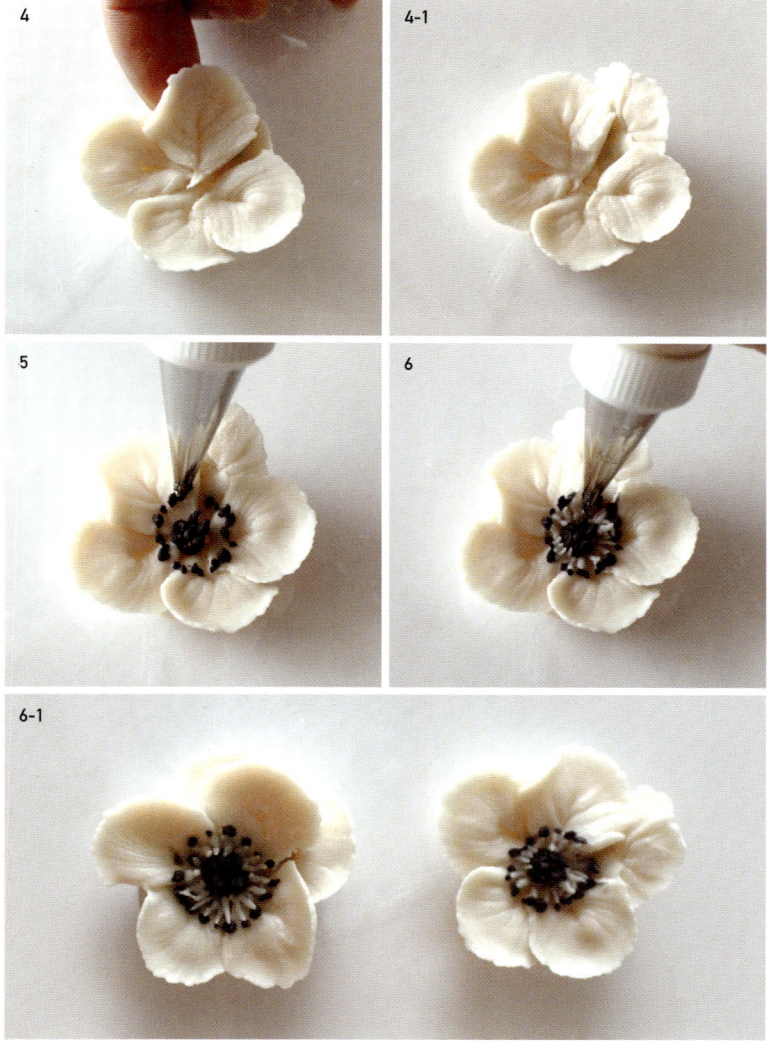

17

활짝 핀 작약
Peony

FLOWERCAKE

작약은 케이크에 가장 많이 사용되는 꽃 중 하나인데 그중 활짝 피운 작약을 컵 설기에 크게 하나 올려도 좋고 블로섬 어레인지로 꽃을 가득 올릴 때 한쪽에 올려도 좋아요. 작게 만들어 보자기 케이크(118쪽)를 장식할 때도 자주 사용하고 변형 어레인지(320쪽)에도 좋아요.

INGREDIENTS

팁 번호
123번, 3번, 262번
사용한 색
꽃잎 : 화이트
수술 : 모스그린+브라운
짧은 수술 : 골든옐로우

1. 123번 팁의 움푹 파인 곳이 안쪽으로 가도록 잡고 밑에는 유산지를 깔아줍니다. 위아래로 잔주름을 만들며 위는 넓고 아래는 뾰족한 꽃잎을 만들어주세요. 이때 왼손으로는 유산지를 반시계방향으로 돌려주고 오른손은 시계방향으로 돌립니다.

2. 방금 짠 잎 위에 겹쳐지게 꽃잎을 하나 더 짜주세요. 1보다 조금 더 작게 짜도 좋아요. 꽃잎 2개를 겹치면 훨씬 생화 같은 느낌이 나요. 꽃잎을 5개 이상 만들고 냉동실에 3시간 정도 얼립니다.

3. 냉동실에서 꺼내 손으로 꽃잎을 떼어 원하는 곳에 붙여줍니다. 5개의 꽃을 모아 붙여줍니다.

    notice 앙금은 얼릴 때는 오래 걸리지만 녹을 때는 빨리 녹아요. 앙금으로 만든 꽃잎이 녹으면 모양이 부서지고 눌리기 때문에 꺼내자마자 내가 올리고 싶은 곳에 정확히 올려줍니다.

FLOWER PIPING

4. 3번 팁으로 꽃 가운데에 수술을 4개 만들어 주세요. 힘을 주어 두껍게 시작해 위로 올리면서 힘을 빼 뾰족하고 얇게 만들어줍니다.

5. 262번 팁을 꽃잎과 수술 사이에 대고 눌러 아주 짧은 수술을 만듭니다. 길게 짜는 것이 아니라 팁을 찍어 자국을 낸다고 생각하면서 동그랗게 만들어줍니다.

FLOWERCAKE

18
큰 잎 해바라기
Sunflower

어른들이 가장 좋아하는 색 중 하나가 노랑이에요. 노랑 하면 떠오르는 꽃은 뭐니 뭐니 해도 해바라기죠. 노란 해바라기로 플라워케이크를 만들어 어른들께 선물해 보세요. 꽃잎을 하나씩 만들고 조금 복잡해 보이는 수술을 여러 가지 색으로 표현하면 훨씬 생화 같답니다. 램스이어, 애플블로섬이 해바라기의 변형된 디자인이니 해바라기와 함께 두 꽃을 많이 만들어보면 서로 도움이 될 거예요. 부모님 생신 때 해바라기만으로 블로섬 어레인지를 한 플라워케이크를 선물해 보세요. '일편단심 사랑하겠습니다'라는 마음을 대신 전할 수 있을 거예요.

INGREDIENTS

팁 번호
101(또는 102), 3, 1

사용한 색
꽃잎 : 골든옐로
수술 : 블랙, 모스그린+브라운, 화이트

1. 유산지를 네일보다 조금 크게 잘라 붙이고 101번 팁을 얇은 부분이 위로 가도록 잡아주세요. 팁을 눕혀 네일 아래쪽에서 대각선 방향으로 살짝 올렸다가 네일을 반시계 방향으로 살짝 꺾어 위로 길게 올려주세요.

2. 계속해서 팁을 세워 일자로 내리면서 가운데를 막아주세요.

    notice 네일을 돌리면서 방향을 바꿀 때 잠시 멈춰야 윗부분이 뾰족하게 만들어집니다.

3. 동일한 방법으로 꽃잎을 6~10개 만들어 냉동실에 넣고 30분 이상 얼려주세요.

4. 유산지에서 꽃잎을 떼어내 원하는 자리에 살짝 겹쳐 하나씩 올려주세요.

FLOWER PIPING

5. 3번 팁으로 수술을 만들 차례예요. 검은색과 연두색으로 동그란 수술을 만들어 해바라기를 완성합니다.

6. 1번 팁으로 5의 수술 위에 흰색으로 또 다른 수술을 작게 올리면 생화 느낌을 줄 수 있답니다.

7. 꽃잎 수를 늘리고 수술도 크게 만든 해바라기입니다.

러플플라워와
스카비오사로 만든 컵 설기

INGREDIENTS

사이즈	케이크	꽃(팁 번호)	꽃(색)	어레인지
4cm	컵 설기	러플플라워(103, 352, 3, 264), 스카비오사(103, 352, 3, 264)	러플플라워(로열블루+화이트), 스카비오사(화이트), 잎사귀(모스그린+브라운), 수술(브라운)	컵 설기 위에 올림

19
러플플라워
Ruffle flower

FLOWERCAKE

러플플라워는 자연스러운 잎 표현으로 생화 느낌을 낼 수 있는 꽃이에요. 꽃잎의 길이를 불규칙하게 해야 자연스러워요. 단색으로 만들어도 좋지만, 흰색과 함께 섞어 그러데이션을 만들어도 좋아요. 142~143쪽을 참고해 그러데이션을 표현해보세요.

INGREDIENTS

팁 번호
103, 352, 3, 264

사용한 색
꽃잎 : 로열블루+화이트
잎사귀 : 모스그린+브라운
수술 : 브라운

1. 컵 설기 가장자리에 103번 팁을 놓습니다. 팁의 얇은 부분이 위로 가도록 잡고 팁이 너무 뒤로 처지지 않도록 살짝 세웁니다.

2. 팁을 위로 올렸다가 아래로 내려 조금 긴 꽃잎을 만들어 주세요. 러플플라워의 주름은 팁을 옆으로 눌러서 만들지 않고 위로 올렸다가 내리면서 만듭니다.

3. 2를 반복해 2개의 꽃잎을 더 만듭니다. 이때 앞에 있는 꽃잎과 높이와 크기를 다르게 해 불규칙하게 해주세요.

4. 컵 설기 밖으로 꽃잎이 살짝 나오도록 꽃잎을 반복해서 짜줍니다.

   notice 꽃잎이 컵 설기 밖으로 너무 과하게 튀어나가면 안돼요. 꽃잎이 너무 심하게 길어지면 컵 설기 크기가 너무 커져서 다른 컵 설기와 균형이 맞지 않고 포장할 때 박스에 들어가지 않아요.

FLOWER PIPING

5. 2~4를 반복해 가장자리에 꽃잎을 가득 채웁니다.

6. 먼저 짠 꽃잎 아래로 동일하게 만들어줍니다. 먼저 짠 꽃잎과 두 번째로 짜는 꽃잎 사이 간격을 균형 있게 맞춰주세요.

7. 이제 수술을 만들어요. 3번 팁으로 가운데 빈 곳에 두꺼운 원형 기둥을 만듭니다.

8. 기둥 위에 동그랗게 수술을 짜줍니다. 작은 공간이 나오지 않도록 빽빽하게 채워줍니다.

notice 수술이 너무 크면 예쁘지 않으니 작게 짜주세요.

9. 264번 팁의 얇은 부분이 위로 가도록 잡고 팁을 세워 수술 바로 옆에 붙입니다.

10. 두껍게 시작했다가 점점 얇아지도록 짜내어 얇은 꽃잎을 만듭니다.

    notice 팁에 너무 힘을 주지 않으면 수술 옆에 잘 붙지 않고 팁을 갑자기 빼면 잎이 길어질 수 있으니 천천히 힘 조절을 해서 짜 주세요.

11. 간격을 조금씩 비우고 꽃잎을 6~7개 정도 만들어주세요.

옆에서 본 모습

FLOWER PIPING

12. 이쑤시개에 흰색 앙금을 아주 조금 떼서 갈색 수술 위로 올립니다. 작을수록 더 생화 같아요.

13. 352번 팁을 꽃 아래에 바짝 붙이고 좌우로 움직이며 가로가 넓은 잎을 만듭니다. 점점 힘을 빼면 끝이 뾰족한 잎을 만들 수 있어요. 바로 옆에 잎을 하나 더 만들어줍니다. 잎은 너무 많이 짜지 않는 게 예뻐요.

   point 초록색 앙금 반죽에 흰색 앙금을 거칠게 섞으면 잎에 그러데이션이 생겨 잎 색깔이 훨씬 자연스러워요. 반대편에 하나 더 짜서 총 3개의 잎을 만들 수도 있어요. 3개의 잎을 연속해서 만들지 않아요.

옆에서 본 모습

FLOWERCAKE

20
스카비오사
Scaviosa

스카비오사는 모양과 색이 단아한 인상을 줘요. 주로 흰색으로 만들어 다른 꽃과 함께 컵케이크에 많이 사용하는데, 만드는 방법이 어렵지 않고 컵케이크에 바로 짜기 때문에 비교적 빨리 완성할 수 있어요. 꽃잎의 주름 규칙만 잘 익히면 수월하게 만들 수 있을 거예요.

INGREDIENTS

팁 번호
103, 352, 3, 264
사용한 색
꽃 : 화이트
잎사귀 : 모스그린+브라운
수술 : 브라운

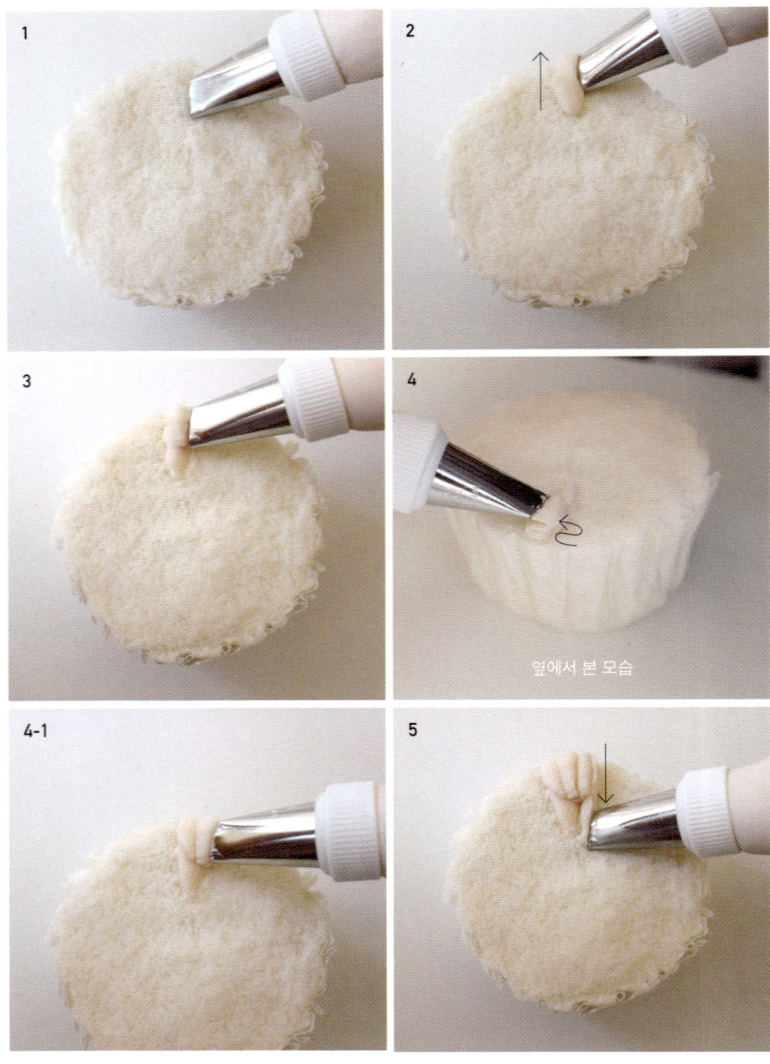

1. 컵 설기 가장자리에 103번 팁을 놓습니다. 팁의 얇은 부분이 위로 가도록 잡고 팁이 너무 뒤로 쳐지지 않도록 살짝 세웁니다.

2. 컵 설기 가장자리의 안쪽에서 바깥쪽을 향해 일자로 꽃잎을 짜주세요.

3. 팁을 떼지 않고 오른쪽으로 조금 짰다가 바로 2의 꽃잎 주름 위로 올려주세요.

4. 3의 꽃잎을 누르는 느낌으로 바로 옆에 꽃잎 주름을 한 번 더 짜주세요.

   notice 스카비오사는 러플플라워와 달리 주름을 옆으로 눌러서 만들어요.

5. 한 번 더 옆으로 눌러 꽃잎 주름을 하나 더 짜고 일자로 내려주세요. 꽃잎 하나가 완성됩니다.

FLOWER PIPING

6. 2~5를 반복해 동일하게 꽃잎을 하나 더 만들어 주세요.

7. 같은 방법으로 컵 설기 가장자리에 꽃잎을 가득 채워주세요. 스카비오사 1단 꽃잎이 완성됩니다.

   notice 꽃잎을 짜면서 원 형태로 잘 만들어지고 있는지 확인해 주세요.

8. 먼저 짠 꽃잎 밑으로 동일하게 만들어줍니다. 먼저 짠 잎들과 두 번째로 짜는 잎 사이의 간격을 균형 있게 맞출 수 있도록 합니다.

9. 꽃잎을 모두 짰는데 애매하게 공간이 남은 경우에는 팁을 세워서 1~2개의 꽃잎 주름을 얇게 짜주세요. 스카비오사 2단 꽃잎이 완성됩니다.

10. 스카비오사 3단 꽃잎은 5~6개의 꽃잎을 짜서 완성합니다. 각 단 사이의 간격을 동일하게 균형을 맞춥니다.

11. 이제 수술을 만듭니다. 3번 팁으로 가운데에 동그란 기둥을 짜주세요. 그 위로 동그랗게 작은 수술을 만들어요.

FLOWER PIPING

12. 좀 더 자연스러운 형태를 만들기 위해 수술 옆에 작은 꽃잎을 몇 개 더 짤 거예요. 264번 팁의 얇은 부분이 위로 가도록 잡고 팁을 세워 수술 바로 옆에 붙입니다.

13. 처음엔 힘을 주어 조금 두껍게 짜기 시작해 힘을 빼면서 꽃잎이 점점 얇아지도록 짜 올려요.

    notice 팁에 너무 힘을 주지 않으면 수술 옆에 잘 붙지 않고 팁을 갑자기 빼면 잎이 길어질 수 있으니 천천히 힘 조절을 해서 짜 주세요.

14. 12~13을 반복해 꽃잎을 6~7개 정도 만듭니다. 꽃잎 간격은 살짝 비워주세요.

15. 러플플라워와 마찬가지로 수술 위에 흰색 점을 이쑤시개로 올려주세요. 이런 작은 디테일이 꽃을 더 생화처럼 보이게 해요.

16. 352번 팁을 꽃 아래에 바짝 붙이고 좌우로 움직이며 가로가 넓은 잎을 만듭니다. 점점 힘을 빼면 끝이 뾰족한 잎을 만들 수 있어요. 바로 옆에 잎을 하나 더 만들어줍니다. 잎은 너무 많이 짜지 않는 게 예뻐요.

2
입체적인 디자인
A THREE-DIMENSIONAL DESIGN

장미와 국화, 잎사귀로 만든 플라워케이크

INGREDIENTS

사이즈	케이크	꽃(팁 번호)	꽃(색)	어레인지
1호 사이즈 (15×7)	백설기	장미(104), 국화(81), 잎사귀(352)	장미(백년초 가루), 국화(자색고구마 가루), 잎사귀(모스그린+브라운)	리스

FLOWERCAKE

1
장미
Rose

장미는 입체적인 꽃의 기초가 됩니다. 기둥이나 팁의 밀착, 균형, 힘 조절 등 입체적인 꽃을 만들 때 필요한 모든 것이 포함되어 있으니 충분히 연습해 보세요. 처음에는 힘 조절이 쉽지 않아 꽃잎이 많이 갈라지지만, 연습을 하다 보면 자연스럽게 좋아진답니다. 하지만 균형이나 밀착, 높이 등은 처음부터 공식으로 익혀야 해요. 플라워케이크 입문자라면 균형 잡힌 장미를 만드는 것부터 연습해야 합니다. 기본이 되는 균일한 장미를 충분히 익혀야 나중에 주름과 갈라진 표현을 많이 넣은 불규칙한 잎으로 자연스럽고 생화 같은 장미를 만들 수 있답니다.

INGREDIENTS

팁 번호
103(또는 104)
사용한 색
핑크

1. 103번 팁을 얇은 부분이 위로 가도록 잡은 다음 처음에는 두껍게 시작하다가 점점 힘을 빼면서 끝으로 갈수록 얇은 기둥을 만들어주세요.

2. 팁의 아랫부분을 기둥 위에 살짝 꽂은 상태에서 네일을 반시계 방향으로 돌리며 작게 봉오리를 만들어주세요. 네일은 한 바퀴에서 한 바퀴 반 정도 돌립니다.

3. 팁을 12시 방향, 90도로 세워 봉오리 옆으로 꽃잎 3개를 만들어주세요. 3개의 꽃잎이 삼각형 모양을 이루어야 해요.

    notice 위에서 봤을 때 원 모양만 나타나도록 기둥에 바짝 대고 꽃잎을 만듭니다.

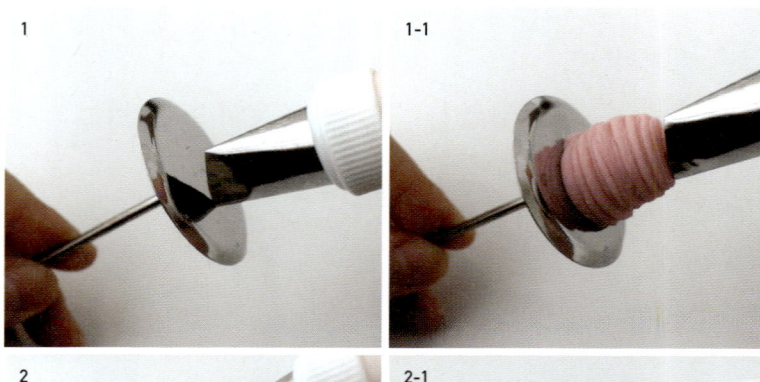
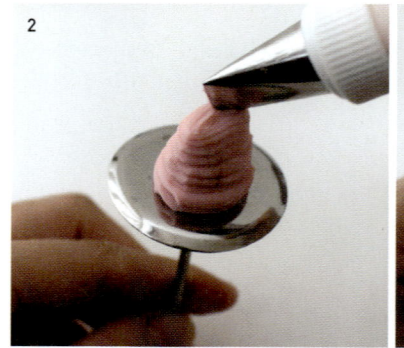

FLOWER PIPING

4. 3개의 꽃잎을 감싸는 느낌으로 5개의 꽃잎을 더 만들어주세요. 네일을 반시계 방향으로 돌리면서 팁을 위에서 기둥 아래로 내리는 방식으로 만듭니다. 5개의 꽃잎도 3개의 꽃잎과 같은 높이여야 해요.

   notice 팁을 기둥에 바짝 붙이고 5개의 꽃잎을 균일하게 만들어야 합니다. 팁은 12시 방향, 90도로 세웁니다.

5. 4에서 만든 꽃잎을 감싸면서 5개의 꽃잎을 더 만들어주세요. 꽃잎을 서로 겹치고, 팁을 조금씩 눕혀서 꽃잎이 펴지는 느낌을 주세요.

   notice 팁을 계속 90도로 세워서 작업하면 꽃이 커지지 않고 꽃잎이 너무 많이 붙어서 각진 모양이 나옵니다. 꽃잎의 높이도 조금씩 내려야 합니다.

207

2
국화
Chrysanthemum

FLOWERCAKE

장미와 함께 입체적인 디자인의 기초가 되는 꽃이 국화예요. 처음에는 꽃잎을 세우다가 점차적으로 눕혀서 꽃잎이 피는 느낌을 줍니다. 국화를 만들 때 사용하는 81번 팁은 구멍이 너무 작아서 가끔 천연 색소가 끼기도 한답니다. 작업 중간에 이쑤시개로 색소 가루를 제거하거나, 처음부터 물에 색소 가루를 완전히 녹여서 사용하면 됩니다. 국화는 색의 변화가 뚜렷이 나타나기 때문에 그러데이션으로 만들면 예쁜 꽃이에요. 색을 반반씩 넣어서 그러데이션을 연출하거나, 꽃의 중앙부터 흰색으로 시작해 점점 다른 색이 나오게 할 수도 있어요.

INGREDIENTS

팁 번호
81
사용한 색
녹차 가루+치자 가루

1. 팁을 끼우지 않고 커플러 상태로 살짝 눌러가며 동그랗게 기둥을 올려주세요. 여기서는 시계 방향으로 2회 돌렸어요.

    notice 팁을 끼워서 기둥을 만들어도 되지만 81번 팁은 구멍이 너무 작아서 기둥을 만들기가 어렵습니다. 구멍이 작은 팁은 끼우지 않고 커플러 상태로 기둥을 만듭니다.

2. 81번 팁을 기둥 가운데 세우고 두툼하게 시작해서 점차 얇아지는 꽃잎을 만들어주세요.

    notice 꽃잎 아랫부분이 얇으면 그다음 잎을 만들 때 처음 잎이 쓰러질 수 있습니다.

3. 네일을 반시계 방향으로 돌려 첫 번째 잎 사이에 팁을 대고 2의 방법으로 두 번째 꽃잎을 만들어주세요.

FLOWER PIPING

4. 2~3의 방법으로 꽃잎 사이사이에 꽃잎을 추가해 주세요. 꽃이 핀 느낌을 주려면 바깥쪽으로 갈수록 꽃잎이 조금씩 기울어지고, 살짝 높아지거나 비슷한 높이로 만들면 됩니다.

   notice 꽃잎은 항상 기둥 위에서 만들어야 합니다. 기둥 밑부분부터 위로 올라오면 완성된 꽃을 꽃가위로 옮길 때 꽃이 반으로 접힐 수 있습니다. 반드시 기둥 위에서 꽃잎을 만듭니다.

3
잎사귀
Leaf

FLOWERCAKE

잎사귀는 다양한 파이핑 방법으로 만들 수 있어요. 그중 352번으로 만드는 방법은 실제 잎사귀와 매우 비슷하면서도 어렵지 않답니다. 처음에 두껍게 시작했다가 점점 얇게 만들어야 자연스럽고 예뻐요. 두툼하지 않고 뾰족하게 마무리해야 실제 잎사귀와 흡사하게 표현할 수 있어요. 꽃과 꽃 사이에 짜는데 잎사귀가 너무 많으면 지저분해 보이니 주의하세요. 개인적으로는 1~2개 정도 짜는 것이 좋고 최대 3개 이상 넣지 않는 편이에요. 물론 정해진 것은 아니니 꽃과 자연스럽게 어우러지는 잎사귀를 만들어보세요.

INGREDIENTS

팁 번호
352

사용한 색
모스그린+브라운

1

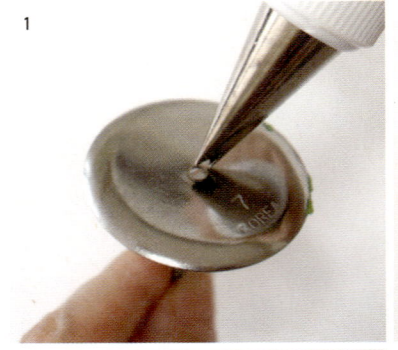

2

2-1

1. 352번 팁을 뾰족한 부분이 위로 가도록 잡아주세요.
2. 밑부분은 두껍고 위로 갈수록 얇게 짜면서 마지막은 뾰족하게 마무리합니다.

   <u>notice</u> 잎사귀가 너무 길면 부자연스러울 수 있으니 꽃 크기에 맞춰주세요.

FLOWER PIPING

동백꽃으로 만든 플라워 케이크

INGREDIENTS

사이즈	**케이크**	**꽃(팁 번호)**	**꽃(색)**	**어레인지**
미니 사이즈 (12×7)	백설기 조각 케이크	동백꽃(104), 수술(3), 램스이어(104)	동백꽃(레드레드+브라운), 수술(화이트, 치자 가루), 램스이어(녹차 가루+코코아 가루)	백설기 조각 케이크 위에 올림

FLOWERCAKE

4

동백꽃
Camellia Flower

생화와 가장 닮은 꽃 중 하나가 동백꽃이에요. 겨울에 피는 동백꽃은 깔끔한 빨간색이 매력적이죠. 천연 색소로 빨간색을 만들면 아래 사진보다 살짝 어둡게 표현될 거예요. 윌튼의 레드레드나 셰프마스터 슈퍼레드를 사용하면 밝은 톤을 만들 수 있지만 형광 빛이 강할 수 있으니 브라운을 소량 넣어 반드시 톤을 낮춰주세요. 수술도 흰색과 노랑을 함께 사용하면 훨씬 풍성한 느낌을 줄 수 있답니다.

INGREDIENTS

팁 번호
103(또는 104), 3, 1

사용한 색
꽃잎 : 레드레드+브라운
수술 : 흰색 앙금(화이트), 골든옐로

1. 103번 팁을 얇은 부분이 위로 가도록 잡고 반시계 방향으로 5~6회 돌려서 손가락 한 마디보다 조금 낮은 기둥을 만들어주세요.

2. 네일을 반시계 방향으로 돌리면서 팁의 아랫부분을 기둥 밑에 대고 위로 올렸다가 다시 밑으로 내리면서 꽃잎을 만들어주세요. 이때 꽃잎은 기둥보다 살짝 높아야 하고 기둥에 바짝 붙여야 꽃잎이 떨어지거나 빈 공간이 생기지 않아요.

3. 2의 방법으로 3~4개의 꽃잎을 서로 살짝 겹치게 만들어주세요.

FLOWER PIPING

4. 3의 꽃잎 뒤로 3~4개의 꽃잎을 더 만들어주세요. 앞의 꽃보다 높이는 같되 더 길어야 해요.

   notice 꽃이 핀 느낌을 주기 위해서는 바깥쪽 꽃잎이 안쪽보다 조금 더 펼쳐져야 합니다. 팁을 약간 눕혀서 아랫부분을 기둥에 바짝 대고 만들면 꽃잎이 피는 느낌을 줄 수 있습니다.

5. 이제 수술을 만들 차례예요. 3번 팁으로 꽃 중앙의 빈 공간에 만들어주세요. 처음에는 두껍게 시작해서 점점 얇아지게 합니다.

   pcint 속도가 너무 빠르면 수술이 끊어지니 천천히 만듭니다.

6. 1번 팁으로 흰색 수술 위에 노란색 앙금을 한 번 더 올려 완성합니다.

FLOWERCAKE

5
변형 동백꽃
Camellia Flower

수술이 보이기 전 아직 다 피지 않은 동백꽃도 참 매력적이죠. 팁을 안쪽으로 숙여서 꽃잎을 만들고 바깥쪽은 팁을 눕혀서 피어 있는 꽃잎을 만들어주세요. 활짝 핀 동백꽃과 어우러지면 같은 꽃으로 2가지 느낌을 표현할 수 있답니다.

INGREDIENTS

팁 번호
103(또는 104)
사용한 색
레드레드+브라운

1. 103번 팁으로 작은 기둥을 만들어주세요.

   notice 동백꽃(214쪽) 참고

2. 네일을 반시계 방향으로 돌리면서 팁을 몸 쪽으로 기울여 아랫부분을 기둥에 대고 위로 올렸다가 다시 밑으로 내리면서 꽃잎을 만들어주세요. 꽃잎이 기둥보다 살짝 높아야 하고 기둥에 바짝 붙여야 꽃잎이 떨어지거나 빈 공간이 생기지 않아요.

3. 2의 방법으로 3개의 꽃잎을 만들어주세요. 꽃잎을 서로 살짝 겹치고 가운데 작은 구멍을 만들어주세요.

4. 3의 바깥쪽으로 살짝 퍼진 꽃잎 2개를 서로 마주 보게 만들어주세요.

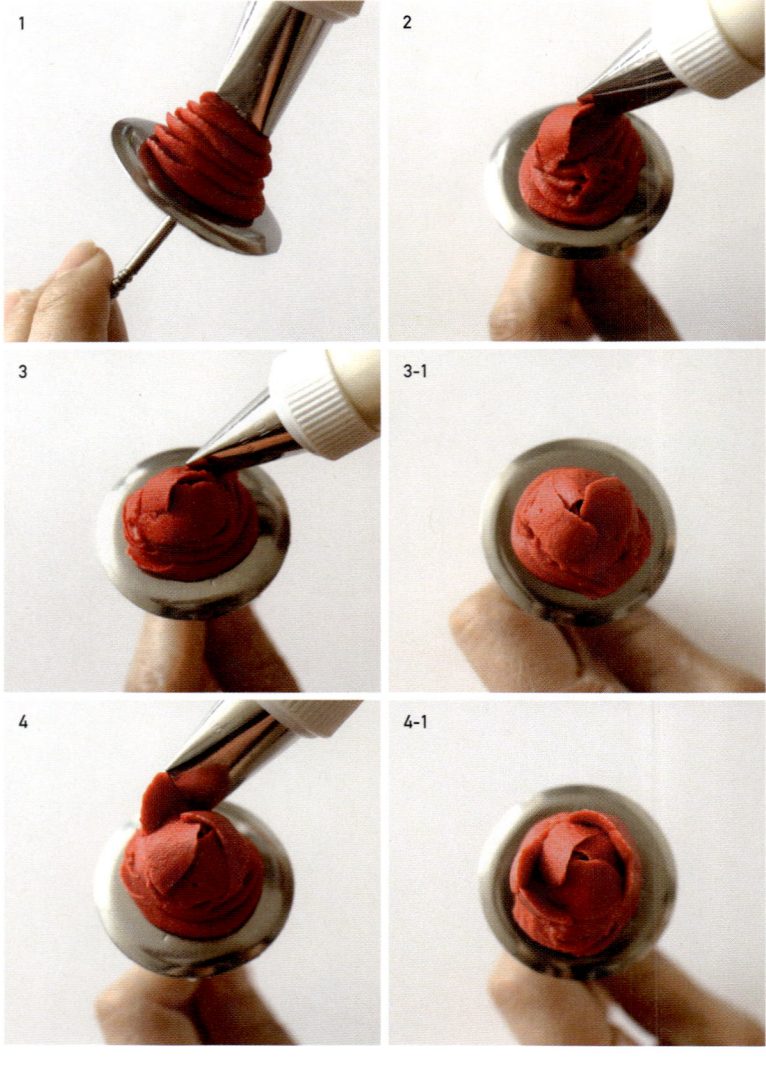

FLOWER PIPING

5. 팁을 4시 방향으로 눕혀서 5개의 꽃잎을 만들어주세요.

   <u>notice</u> 팁을 기둥에 바짝 대고 만들어야 꽃잎이 떨어지지 않습니다.

6. 5의 방법으로 5개의 꽃잎을 더 만들어주세요.

217

수국과 튤립, 잎사귀로 만든 플라워케이크

INGREDIENTS

사이즈	케이크	꽃(팁 번호)	꽃(색)	어레인지
1호 사이즈 (15×7)	백설기	수국(103), 램스이어(104), 튤립(122), 잎사귀(352)	수국(청치자 가루), 램스이어(모스그린+브라운), 튤립(백년초 가루), 잎사귀(모스그린+브라운)	리스

FLOWERCAKE

6
수국
Hydrangea

이 책에서는 여러 종류의 수국을 만나게 될 거예요. 전체적인 생김새가 동그란 수국, 컵 설기 위에 작게 올리는 베이비 수국도 있답니다. 가장 기본적인 형태의 수국은 다양한 수국 파이핑의 기초가 되므로 자연스러운 굵은 주름과 균형을 맞추는 데 특히 주의해서 만들어보세요.

INGREDIENTS

팁 번호
103, 3

사용한 색
백년초 가루와 흰색 앙금(화이트)
그러데이션

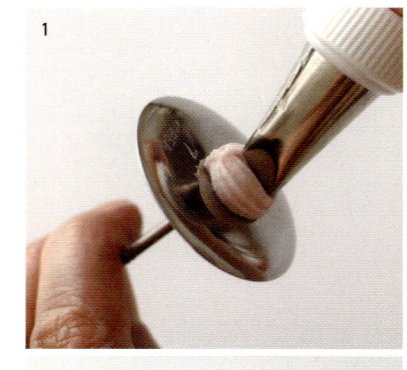

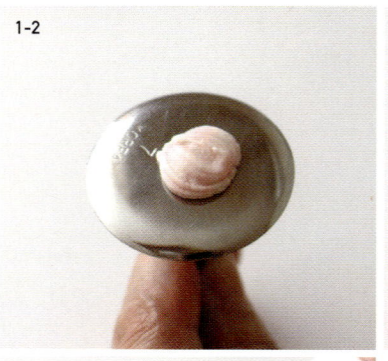
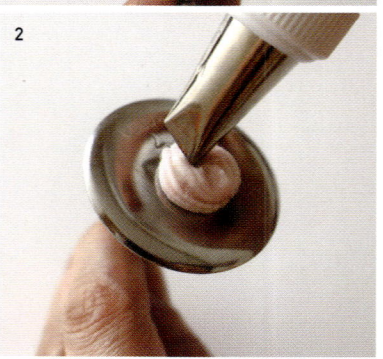
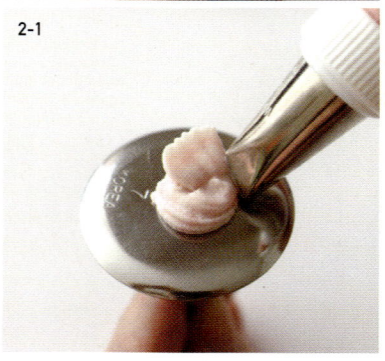

1. 103번 팁을 얇은 부분이 위로 가도록 잡고, 꽃받침대보다 작은 크기로 납작한 기둥을 만들어주세요.

2. 팁의 아랫부분을 기둥에 바짝 붙이고 일자로 꽃잎을 만든 다음 팁을 천천히 살짝 들거나 내려서 마무리하세요.

   notice 잎이 대각선 방향이어야 좀더 입체적이고 예쁘게 만들어집니다.

FLOWER PIPING

3. 2의 첫 번째 꽃잎과 기둥이 붙어 있는 지점에 팁의 아랫부분을 바짝 붙이고 두 번째 꽃잎을 2의 방법으로 만들어주세요.

4. 같은 방법으로 잎을 2개 더 만들어주세요. 꽃잎이 총 4개가 됩니다.

5. 4에서 끝내도 되고, 3번 팁으로 수국 중심에 작고 동그란 수술을 올려서 완성해도 됩니다.

221

동글 수국과 램스이어로 만든 플라워케이크

INGREDIENTS

사이즈
1호 사이즈
(15×7)

케이크
백설기

꽃(팁 번호)
동글 수국(101 또는 102),
램스이어(104), 튤립(122)

꽃(색)
동글 수국(백년초 가루),
램스이어(모스그린+브라운),
튤립(바이올렛+로열블루+브라운)

어레인지
리스

7

동글 수국
Hydrangea

FLOWERCAKE

사탕처럼 귀엽고 사랑스러운 동글 수국은 리스 어레인지에 자주 쓰이는 꽃이에요. 동그란 모양이 작약이나 라넌큘러스와 잘 어울린답니다. 기둥을 너무 작고 낮게 만들면 꽃 자체가 작아지니, 다른 꽃들과 비슷한 크기로 맞추려면 기둥을 높고 두껍게 만들어야 단단하게 꽃을 받칠 수 있어요. 그러데이션이 더욱 아름다운 꽃이니 흰색과 섞어서 만들어보세요.

INGREDIENTS

팁 번호
101(또는 102)

사용한 색
레드레드+흰색 앙금(화이트) 그러데이션

1. 101번 팁을 얇은 부분이 위로 가도록 잡아주세요.
2. 팁을 세워 네일보다 조금 작게 반시계 방향으로 원을 그리면서 아래는 두껍고 위로 갈수록 점점 얇아지는 기둥을 만들어주세요.
3. 팁의 아랫부분을 기둥 위에 바짝 붙이고 일자로 짜다가 살짝 올렸다가 내리면서 꽃잎을 만듭니다.

   notice 옆에서 봤을 때 꽃잎이 대각선을 이루어야 좀더 입체적이고 예쁘게 만들어지니 평평하게 눕지 않도록 주의합니다.

FLOWER PIPING

4. 기둥 중앙에 팁을 대고 3의 방법으로 4개의 꽃잎을 만들어주세요.

   notice 위에서 봤을 때 꽃잎이 사각형을 이루어야 합니다.

5. 3~4의 방법으로 기둥 전체에 4개의 꽃잎을 가진 작은 꽃을 빈틈없이 만들어주세요.

   notice 공간이 여의치 않다면 1~3개의 꽃잎을 가진 꽃을 만들어도 됩니다.

카네이션과 램스이어로 만든 플라워케이크

INGREDIENTS

사이즈	케이크	꽃(팁 번호)	꽃(색)	어레인지
1호 사이즈 (15×7)	백설기	튜닝한 104번(카네이션), 104번(램스이어)	셰프마스터 슈퍼레드, 모스그린+브라운	리스

FLOWERCAKE

8
카네이션
Carnation

어버이날, 스승의 날이 있는 5월에 특히 많이 만드는 꽃이에요. 선물용으로 많이 찾는 꽃이라 창업을 생각하시는 분들에게 유용하답니다. 5월이 되면 카네이션 케이크를 만들어서 감사함을 표현해보세요. 일반 103, 104번 팁으로 만들어도 되지만 튜닝해서 꽃을 만들면 훨씬 생화 같은 느낌으로 표현할 수 있어요. (021쪽)

INGREDIENTS

팁 번호
103(또는 104)
사용한 색
셰프마스터 슈퍼레드

1. 팁의 얇은 곳이 위로 가도록 잡고 90도로 세워 손가락 한 마디 정도 길이로 두툼하게 기둥을 만듭니다.

2. 팁의 아랫부분을 기둥에 바짝 붙이고 위로 조금 올렸다가 내려 다시 기둥에 붙입니다. 손을 흔들지 않아도 팁이 얇아서 꽃잎이 자연스럽게 휘어집니다.

3. 먼저 짠 꽃잎 바로 옆에 팁을 바짝 붙이고 2와 같은 방법으로 반복해서 4개의 꽃잎을 짜줍니다. 꽃잎을 짧게 짜야 더 자연스러워요. 기둥 윗면을 사 등분 한다고 생각하고 짜주세요.

FLOWER PIPING

4. 2~3과 같은 방법으로 꽃잎으로 기둥을 꽉 채워줍니다.

5. 이제는 2시 방향으로 팁을 잡고 꽃잎이 펼쳐지도록 짜주세요. 한두 바퀴 돌리면서 내가 원하는 크기로 짜면 됩니다. 위에서 보았을 때 전체적인 모양이 동그랗게 균형이 맞도록 해주세요.

작약과 아네모네로 만든 플라워케이크

INGREDIENTS

사이즈
1호 사이즈
(15×7)

케이크
백설기

꽃(팁 번호)
작약(104), 잎(104),
아네모네(104, 3)

꽃(색)
작약(레드레드), 잎(모스그린+화이트+브라운),
아네모네(화이트, 블랙, 화이트+블랙)

어레인지
리스

FLOWERCAKE

9
104번 팁으로 만든
작약
Peony

104번 팁으로 만든 작약은 동그랗고 귀여운 느낌이 많이 난답니다. 구멍이 물방울 모양으로 곧게 뻗은 104번 팁을 몸 안쪽으로(10~11시 방향) 살짝 기울여야 동그란 모양을 만들 수 있어요. 하지만 안쪽으로 너무 많이 기울이면 꽃이 전체적으로 뚱뚱하고 둔해질 수 있으니 주의하세요.

INGREDIENTS

팁 번호
104

사용한 색
모스그린+골든옐로+브라운

1. 왼손으로 네일을 잡고 오른손으로 104번 팁을 얇은 부분이 위로 가도록 잡아주세요.

2. 네일을 잡은 왼손은 반시계 방향으로 돌리면서 팁을 잡은 오른손은 2회 정도 원을 그려 동그랗게 짠 다음 살살 눌러 기둥을 만들어 주세요.

3. 팁을 기울여 아랫부분을 기둥 위에 바짝 붙이고 네일을 반시계 방향으로 돌리면서 기둥 위부터 아래쪽으로 포물선을 그리듯이 첫 번째 꽃잎을 만들어주세요.

   notice 힘을 주지 않으면 잎이 쓰러지듯 기울어져 꽃이 전체적으로 뚱뚱해질 수 있으니 힘 조절에 주의합니다.

FLOWER PIPING

4. 3의 방법으로 하되 3의 꽃잎 끝부분과 살짝 겹쳐 두 번째 꽃잎을 만들어주세요.

   notice 너무 많이 겹치지 않도록 합니다.

5. 4의 방법으로 세 번째 꽃잎을 만들어주세요. 이제 3개의 꽃잎이 기둥을 완전히 감싸게 됩니다.

6. 3~5의 방법으로 꽃잎을 계속 만드는데, 꽃잎이 점점 길고 높아져야 해요. 작약의 형태를 염두에 두고 꽃잎이 기둥으로 모아지도록 동그랗게 만들어 완성합니다.

내추럴 작약과 라넌큘러스, 블루베리와 동글 수국으로 만든 플라워케이크

INGREDIENTS

사이즈	케이크	꽃(팁 번호)	꽃(색)	어레인지
1호 사이즈 (15×7)	백설기	작약(122), 라넌큘러스 (122, 104), 램스이어(104), 동글 수국(101 또는 102), 블루베리(16, 3), 안개꽃(3)	작약(백년초 가루), 라넌큘러스(화이트, 모스그린+브라운), 램스이어(쑥 가루+코코아 가루), 동글 수국(청치자 가루+화이트), 블루베리(자색고구마 가루+브라운+바이올렛), 안개꽃(비트 가루)	리스

10

122번 팁으로 만든
내추럴 작약

Peony

122번 팁으로 만든 작약은 굵은 주름과 갈라진 표현 때문에 생화처럼 보인답니다. 꽃이 서서히 높아지는데 그 차이가 급격하지 않도록 주의하세요. 완성했을 때 자칫 꽃의 중심이 동굴처럼 패어 부자연스러울 수 있거든요. 처음에는 꽃잎을 짤 때마다 높이를 확인하는 것이 좋아요. 손을 안쪽으로 너무 많이 기울이면 꽃이 전체적으로 둔해 보일 수 있으니 주의하세요.

INGREDIENTS

팁 번호
122
사용한 색
(버건디+브라운)+흰색 앙금(화이트)
그러데이션

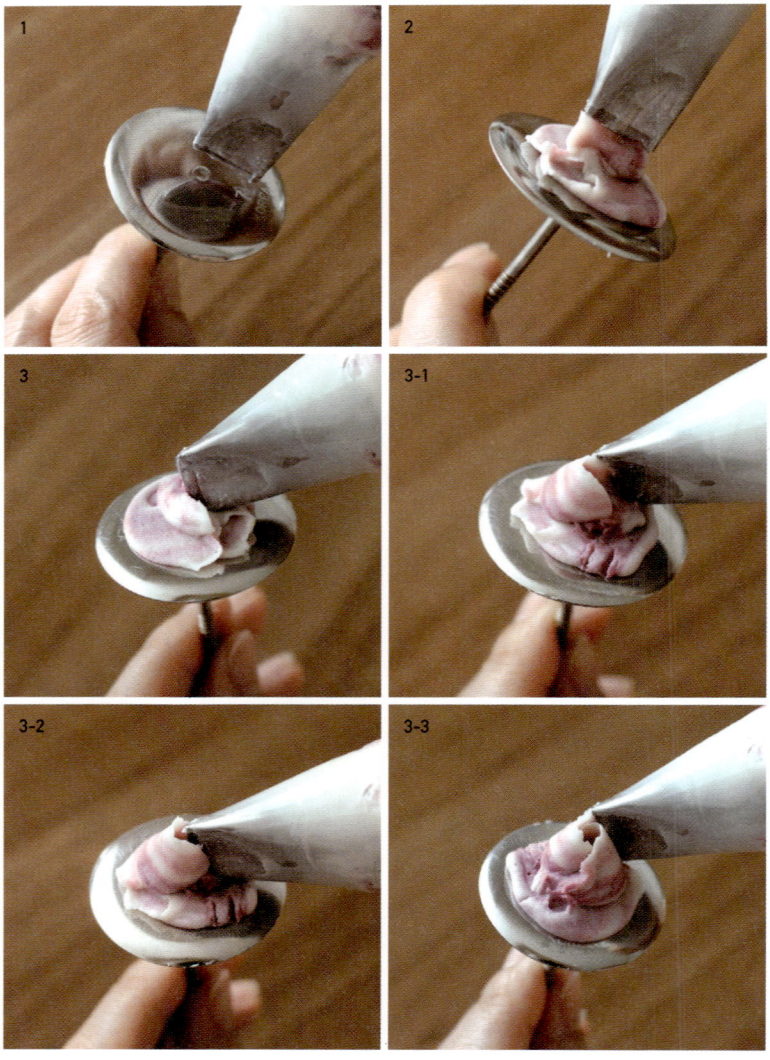

1. 왼손으로 네일을 잡고 오른손으로 122번 팁을 얇은 부분이 위로 가도록 잡아주세요.

2. 네일을 반시계 방향으로 돌려 평평하고 동그랗게 만들다가 살짝 들어 올려 가운데 기둥을 만들어주세요.

3. 팁의 아랫부분을 기둥에 바짝 대고 윗부분은 약간 기울인 상태에서 네일을 반시계 방향으로 돌려가면서 동그랗게 첫 번째 꽃잎을 만들어주세요. 꽃잎 속으로 팁을 넣어 첫 번째 꽃잎과 마주 보도록 두 번째 꽃잎을 만들어주세요.

FLOWER PIPING

4. 두 번째 꽃잎 옆에 팁을 바짝 대고 위로 살짝 올렸다가 내리면서 세 번째 꽃잎을 만들어주세요. 이때 네일을 반시계 방향으로 계속 돌려가면서 앙금을 짜야 합니다.

   <u>notice</u> 잎에 주름을 만들면 훨씬 자연스러운 꽃이 됩니다. 손을 흔들기보다 힘 조절을 해가면서 만들어야 주름이 훨씬 자연스럽게 표현됩니다. 손을 흔들거나 속도가 너무 빠르면 주름이 얇아지니 주의합니다.

5. 4의 방법으로 꽃잎을 계속 만들되 점점 길고 높아져야 합니다.

   <u>notice</u> 작약의 특징인 둥근 모양의 꽃을 만들기 위해 억지로 손을 안으로 굽힐 필요는 없습니다. 122번 팁은 원래 모양이 안으로 꺾여 있기 때문에 일자로 세워도 살짝 굽어서 나옵니다.

237

FLOWERCAKE

11
라넌큘러스
Ranunculus

라넌큘러스는 꽃 중앙에 초록색 잎이 들어 있는 것이 특징이에요. 초록색 중앙부터 만든 다음 하얀색 꽃잎을 만듭니다. 장미처럼 꽃봉오리와 3개의 꽃잎을 먼저 만든 다음 본격적으로 나머지 꽃잎을 만들어도 되고, 봉오리만 만들고 시작해도 됩니다. 본격적으로 꽃잎을 만들 때 반드시 꽃잎 끝이 바닥까지 내려와야 해요. 바닥까지 내리지 않고 중간에 멈추면 전체적으로 꽃이 흔들려서 떨어질 수 있답니다. 또한 손을 안쪽으로 기울이지 않고 똑바로 세워야 해요. 손을 기울이면 안쪽으로 구부러진 팁이 더 기울어져 꽃이 뚱뚱해질 수 있으니 주의하세요.

INGREDIENTS

팁 번호
104, 122
사용한 색
모스그린+브라운, 흰색 앙금(화이트)

1. 104번 팁을 얇은 부분이 위로 가도록 잡아주세요.
2. 눕힌 상태로 동그랗게 짜면서 1cm 기둥을 만들어주세요.
3. 팁의 아랫부분을 기둥 위에 바짝 붙이고 네일을 반시계 방향으로 돌리면서 팁을 안쪽으로 기울여 동그랗게 봉오리를 만들어주세요.
4. 이제 본격적으로 라넌큘러스의 하얀 꽃잎을 만들 차례예요. 먼저 122번 팁을 얇은 부분이 위로 가도록 잡고 팁의 아랫부분을 기둥 옆면에 바짝 붙여주세요.
   notice 여기서는 봉오리만 만듭니다.

FLOWER PIPING

5. 네일을 반시계 방향으로 돌리면서 팁을 기둥보다 살짝 위로 올렸다가 내리는 방식으로 3~5개의 꽃잎을 만들어주세요.

   notice 초록색 기둥이 흰색 잎에 살짝 가려져야 더 자연스럽게 만들어집니다.

6. 5의 방법으로 꽃잎을 계속 만들되, 점점 꽃잎이 길어지고 높아져야 합니다.

FLOWERCAKE

12
블루베리
Blueberry

한 가지 색보다 흰색, 검정색, 어두운 빨간색 등과 섞어서 그러데이션을 만들면 진짜 블루베리처럼 보인답니다. 이런 작은 부분에서 꽃과 케이크의 완성도가 결정됩니다.

INGREDIENTS

팁 번호
3, 16

사용한 색
바이올렛+브라운+흰색 앙금(화이트)
그러데이션

1. 3번 팁으로 네일 위에 천천히 짜서 굵고 동그란 모양의 열매를 만들어주세요.

2. 16번 팁으로 바꿔 끼우고 1의 열매 위에 별 모양 꼭지를 살짝 만들어 완성합니다.

   notice 흰색이나 붉은색을 섞으면 좀 더 진짜 같은 블루베리를 만들 수 있습니다.

사라작약으로 만든
플라워케이크

INGREDIENTS

사이즈	케이크	꽃(팁 번호)	꽃(색)	어레인지
1호 사이즈(15×7)	백설기	사라작약(123),	작약(핑크+브라운),	블로섬
3호 사이즈(21×7)		램스이어(104, 158쪽), 안개꽃(3)	램스이어(모스그린+브라운)	(318쪽)

13

사라작약
Sarah Peony

작약, 내추럴 작약, 사라작약, 활짝 핀 작약 등 이 책에서는 다양한 버전의 작약을 만들어요. 각각의 작약은 깔끔하고 차분한 것에서부터 점점 더 자연스럽고 자유로운 디자인으로 변화해요. 그중 사라작약은 가장 자연스러운 디자인이라고 할 수 있어요. 형태적인 특징으로는 다른 것보다 꽃잎이 안쪽으로 들어와 있고 꽃잎이 촘촘하다는 거예요. 자연스러운 주름 표현이 중요하니 잘 따라 해주세요. 동그랗게 만들 수도 있고 꽃잎이 조금 펼쳐진 형태로 만들 수 있어요.

INGREDIENTS

팁 번호
123
사용한 색
핑크

1. 왼손으로 네일을 잡고 오른손으로 123번 팁을 잡아요. 구부러진 부분이 왼쪽 위로 가도록 잡아주세요.

2. 팁을 세워서 반시계방향으로 돌리면서 두꺼웠다가 점점 얇아지는 기둥을 만들어요. 높이는 손가락 한 마디 정도로 합니다.

   notice 마무리할 때 갑자기 팁을 들어 올려 뾰족하게 하지 않고 살짝 누르듯이 해서 평평한 기둥을 만듭니다.

3. 팁을 세우고 아랫부분을 기둥에 바짝 붙여주세요. 네일을 반시계방향으로 돌리고 팁을 들어 올렸다 내렸다 반복하며 기둥 전체를 꽃잎으로 채워주세요. 여기서 짜는 꽃잎은 완성 후에는 거의 보이지 않아요.

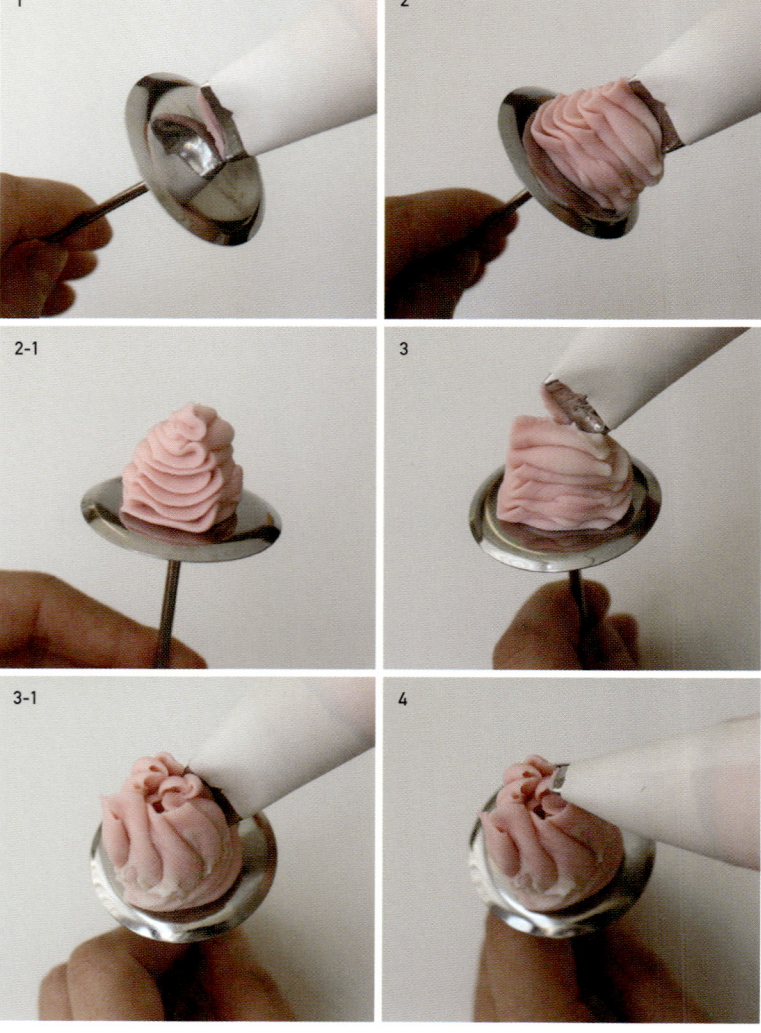

FLOWER PIPING

4. 팁을 기둥 안쪽으로 기울이고 네일을 반시계방향으로 돌리면서 팁을 살짝 눌러 잔주름이 있는 꽃잎을 만듭니다. 옆에서 보았을 때 꽃잎의 윗부분은 둥글고 아래는 좁아요. 꽃잎을 위에서 아래로 짜 내려오면서 원래 시작했던 부분으로 붙여주기 때문에 위아래 너비에 차이가 있어요.

   point 먼저 짠 기둥을 꽃잎으로 가려준다는 느낌으로 덮어야 해요. 123번 팁은 팁 자체가 기울어있지만, 손을 안으로 더 기울여 꽃잎끼리 덮일 수 있도록 해주세요.

5. 앞에서 만든 꽃잎과 조금 간격을 두고 2~4를 반복해 다음 꽃잎을 만듭니다.

   notice 꽃잎 주름이 얇아지지 않도록 주의해요. 굵은 주름을 만들어주세요.

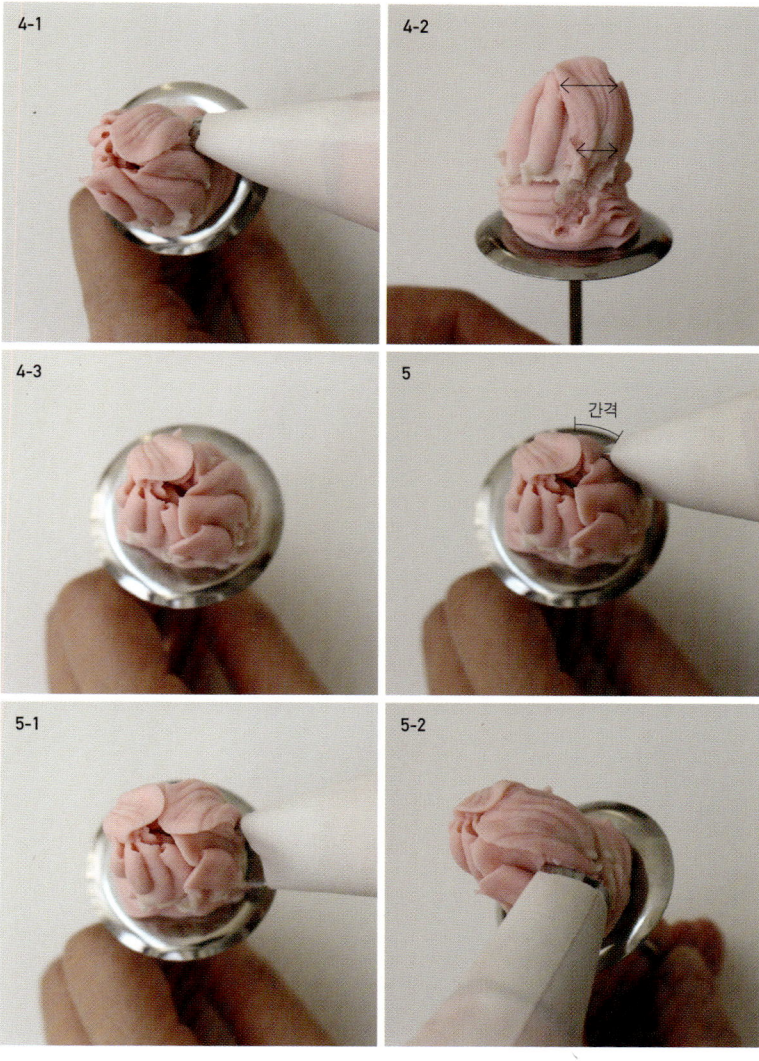

245

6. 같은 방법으로 꽃잎을 만들어 기둥을 덮어줍니다.

7. 이제는 조금 길게 꽃잎을 만듭니다. 길이도 길어지고 높이도 높아집니다.

   <u>notice</u> 먼저 짠 꽃잎을 조금씩 덮어준다는 느낌으로 아주 조금씩 점점 길게 만들어요. 주름은 동일하게 만듭니다.

8. 위에서 보았을 때 원의 균형이 맞도록 꽃잎 사이에 간격을 주면서 꽃잎을 추가해줍니다. 동그란 작약이 완성됩니다.

   <u>notice</u> 꽃의 전체 크기를 너무 과하게 키우지 않아요.

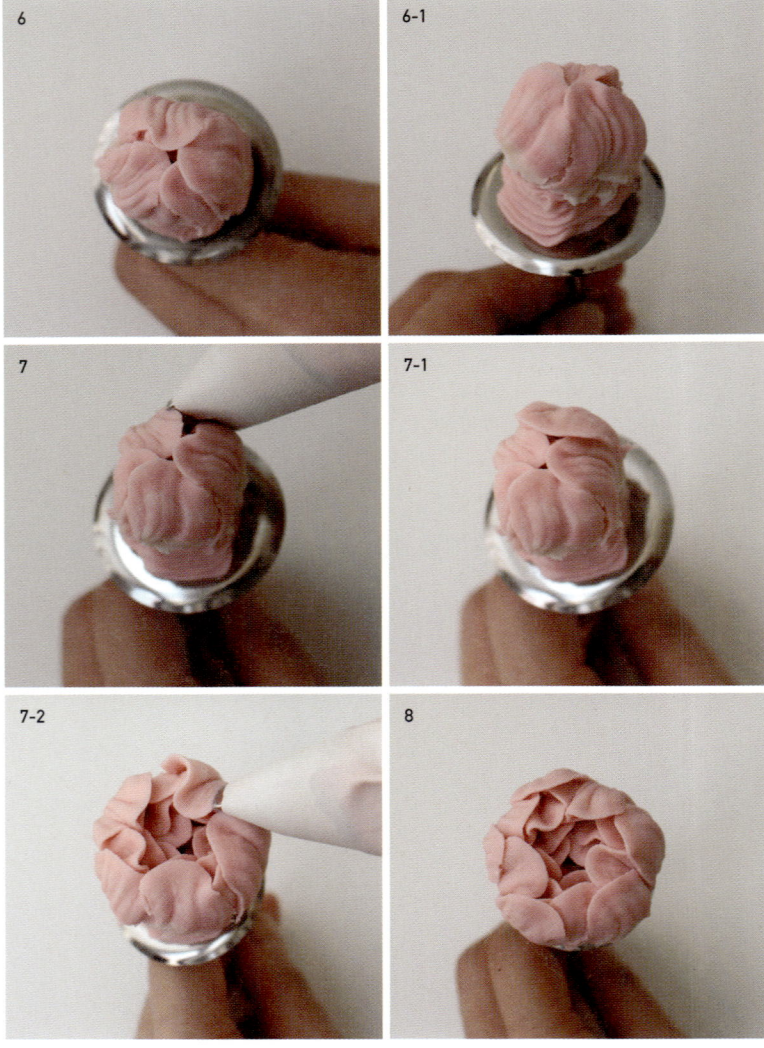

9. 이제 꽃잎을 조금 펼쳐볼게요. 팁 아랫부분을 꽃 옆면에 대고 꽃잎이 밖으로 펼쳐지듯 짜주세요.

   <u>notice</u> 꽃잎을 펼치다 보면 꽃의 크기가 커지기 쉬워요. 만약 동그란 작약과 크기를 비슷하게 하고 싶다면 1~8을 작업할 때 꽃의 크기를 작게 해주세요.

10. 꽃잎 사이 간격을 어느 정도 두고 9를 반복해 꽃잎을 추가해 주세요. 이때 굵은 주름을 살짝 만들어도 자연스러워요.

11. 총 5개의 꽃잎을 만듭니다. 꽃잎은 너무 과하게 펼치지 않아요. 너무 과하게 꽃잎이 펼쳐지면 어레인지할 때 꽃잎이 망가지고 균형이 맞지 않을 수 있어요.

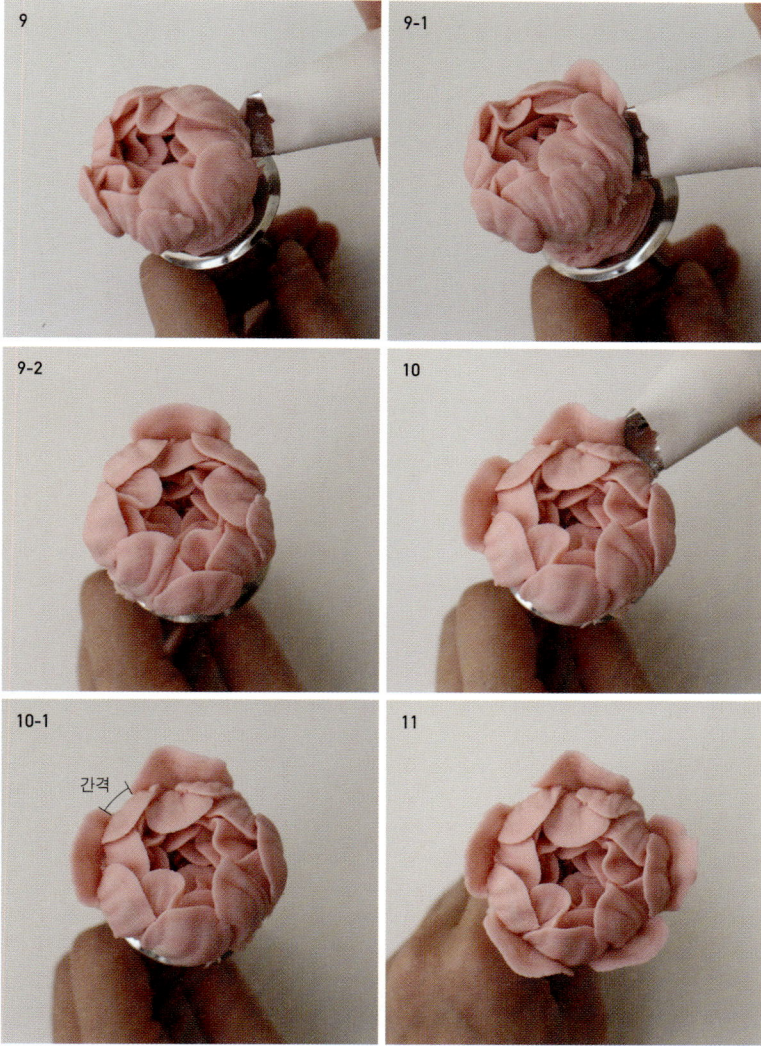

내추럴 로즈로 만든
플라워케이크

INGREDIENTS

사이즈
1호 사이즈
(15×7)

케이크
백설기

꽃(팁 번호)
내추럴 로즈(변형 104)

꽃(색)
내추럴 로즈(백년초 가루)

어레인지
변형(꽃으로 전체를
덮은 디자인)

FLOWERCAKE

14
내추럴 로즈
Natural Rose

기본 장미를 충분히 연습한 다음에는 내추럴 로즈를 만들어보세요. 주름과 갈라진 표현이 많아 생화처럼 보인답니다. 하지만 기본을 충분히 익히지 않으면 자연스러운 내추럴 로즈를 만들 수 없어요. 모양이 불규칙하기 때문에 꽃이 지저분해지기 십상이랍니다. 밀착과 균형, 힘 조절 등 기초적인 훈련이 되어 있어야 불규칙하면서도 예쁜 꽃을 만들 수 있답니다.

INGREDIENTS

팁 번호
104(변형 팁)
사용한 색
로열블루+브라운

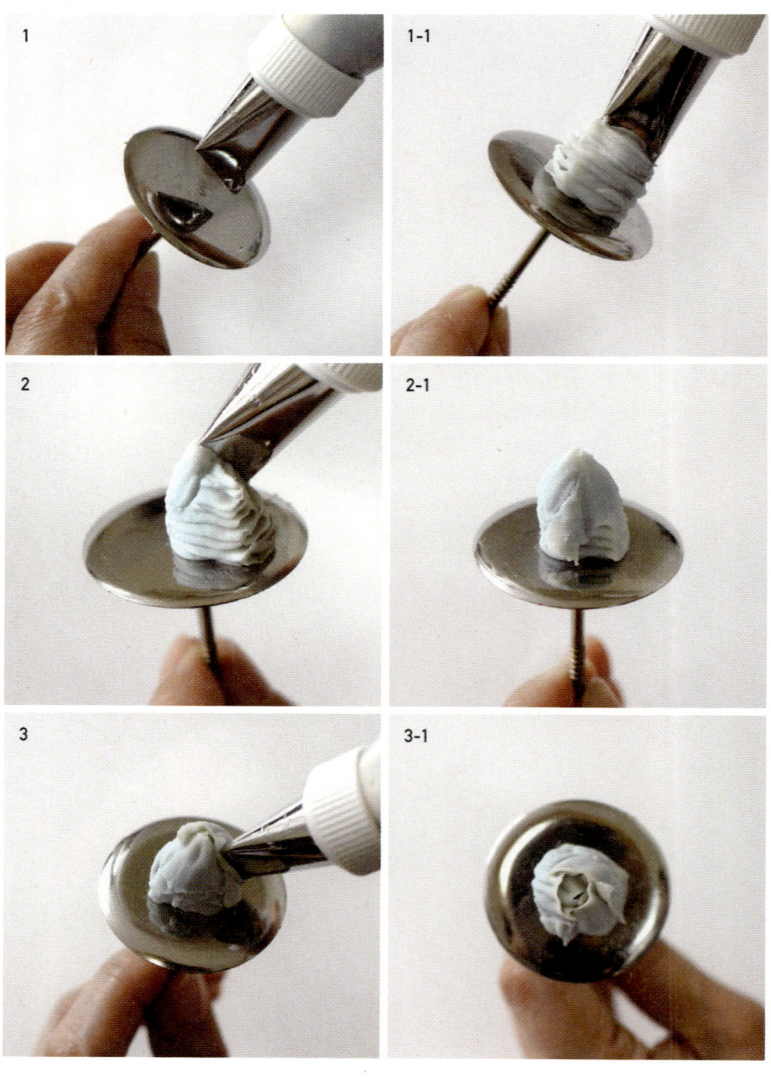

1. 104번 팁을 얇은 부분이 위로 가도록 잡은 상태에서 아래쪽은 두껍고 위로 갈수록 얇은 기둥을 만들어주세요.

2. 팁의 아랫부분을 기둥 윗면에 살짝 박고 네일을 반시계 방향으로 돌리면서 작은 봉오리를 만들어주세요.

3. 팁을 12시 방향, 90도로 세워 봉오리 옆으로 3개의 꽃잎을 만들어주세요.
   notice 206쪽의 장미처럼 정삼각형을 이룰 필요 없이 자연스럽게 표현합니다.

FLOWER PIPING

4. 팁을 기둥에 바짝 붙이고 네일을 반시계 방향으로 돌리면서 기둥 아래부터 3의 꽃잎 높이까지 3개의 꽃잎을 더 만들어주세요.

   notice 팁이 얇기 때문에 자칫 꽃잎이 쉽게 끊어질 수 있으니 최대한 힘을 줍니다.

5. 4의 방법으로 3~4개의 꽃잎을 더 만들되, 뒤로 갈수록 손과 팁을 눕혀서 꽃잎이 펼쳐지게 하세요. 꽃잎의 높이는 바깥으로 갈수록 조금씩 내려가야 합니다.

6. 같은 방법으로 3~5개의 꽃잎을 더 만들어주세요. 잎의 개수는 중요하지 않아요. 다만 커다란 잎을 불규칙적으로 만들면 됩니다.

   notice 바깥쪽으로 갈수록 잎이 길어져야 합니다. 주름과 갈라진 표현이 많기 때문에 잎이 짧으면 지저분해 보일 수 있습니다.

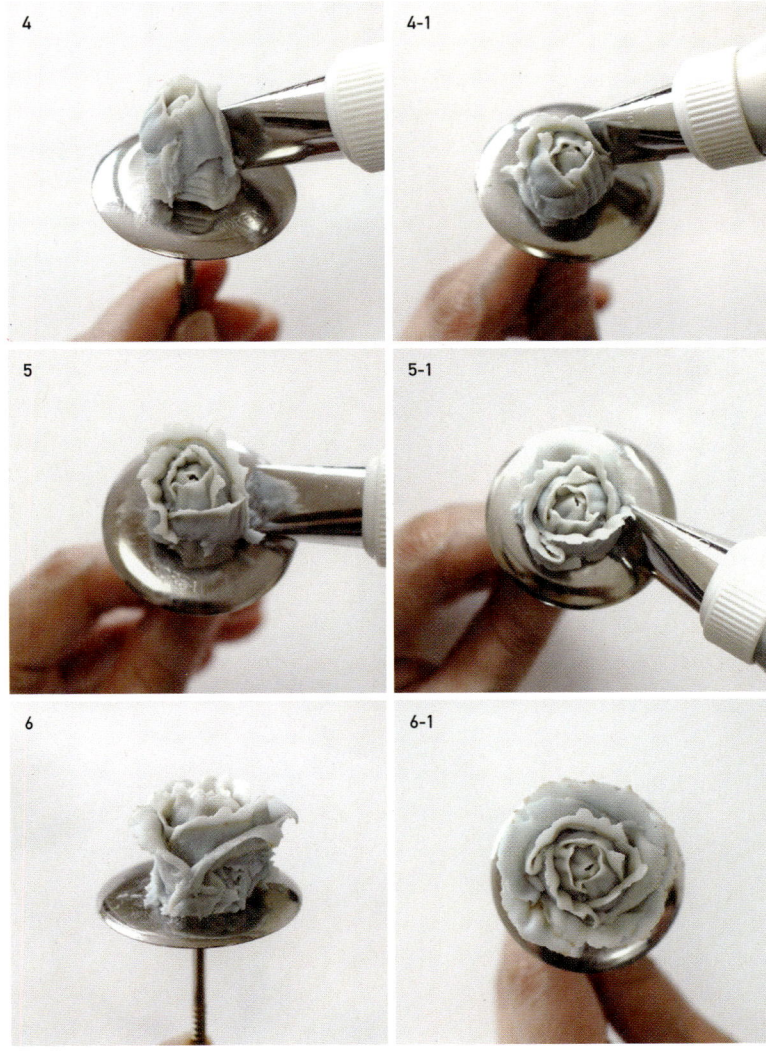

내추럴 라넌큘러스로 만든 플라워케이크

INGREDIENTS

사이즈	케이크	꽃(팁 번호)	꽃(색)	어레인지
1호 사이즈 (15×7)	백설기	내추럴 라넌큘러스(122, 104), 빅토리언 로즈(97), 베리(3), 램스이어(104)	내추럴 라넌큘러스(녹차 가루+코코아 가루, 화이트), 빅토리언 로즈(치자 가루+코코아 가루), 베리(청치자 가루+코코아 가루), 램스이어(녹차 가루+코코아 가루)	블로섬

FLOWERCAKE

15
내추럴 라넌큘러스
Natural Ranunculus

내추럴 라넌큘러스는 기본 라넌큘러스보다 주름과 갈라진 표현이 훨씬 자연스럽고 생화처럼 보인답니다. 동그랗게 완성해도 되고 팁을 4시 방향으로 벌려서 활짝 펴진 꽃잎 1~2개를 더 만들어도 좋아요. 갈라진 표현을 만들 때는 손에 힘을 완전히 뺐다가 다시 주기를 반복합니다. 이때 팁의 아랫부분을 기둥이나 꽃잎에 바짝 붙여야 꽃잎이 서로 떨어지지 않아요. 이 꽃으로 블로섬 어레인지를 하면 생화 꽃다발처럼 보인답니다. 데이지나 베리, 라벤더 등 작은 꽃들과 함께 어우러져도 아주 예뻐요.

INGREDIENTS

팁 번호
103, 122
사용한 색
초록 꽃잎 : 모스그린+브라운, 흰색 앙금
흰 꽃잎 : 흰색 앙금(화이트)

1. 103번 팁을 얇은 부분이 위로 가도록 잡아주세요.
2. 팁을 눕힌 상태에서 네일을 반시계 방향으로 돌려가며 가운데 낮은 기둥을 만들어주세요.
3. 팁의 아랫부분을 기둥에 바짝 붙이고 네일을 반시계 방향으로 돌리면서 안쪽으로 팁을 기울여 동그랗게 봉오리를 만들어주세요.
4. 봉오리 옆으로 같은 길이의 꽃잎 3개를 만들어주세요.
5. 122번 팁을 얇은 부분이 위로 가도록 잡고 아랫부분을 4의 꽃잎 중 하나에 바짝 붙여주세요.

FLOWER PIPING

6. 네일을 반시계 방향으로 천천히 들려가며 기둥보다 살짝 높게 팁을 위로 올렸다 내리는 방식으로 꽃잎을 만들어주세요.

    notice 중간에 한 번씩 손의 힘을 뺐다가 다시 힘을 주면 자연스럽게 주름이 만들어집니다.

7. 5~6을 반복해 3개의 꽃잎을 더 만들어주세요.

    notice 초록색 기둥이 흰색 꽃잎에 살짝 가려져야 더 자연스럽게 만들어집니다.

8. 5~7을 반복해서 만들되 4개, 5개로 꽃잎 개수를 늘이고 길이도 길고 높아져야 합니다.

    notice 꽃 모양을 둥글게 만들기 위해 억지로 손을 안으로 굽힐 필요가 없습니다. 안쪽으로 꺾인 122번 팁을 사용하면 일자로 세워도 살짝 굽어서 나옵니다.

9. 마지막으로 꽃이 핀 느낌을 주기 위해 약간 펼쳐진 꽃잎을 만들어주세요. 팁의 아랫부분을 꽃에 대고 윗부분은 살짝 바깥쪽으로 벌린 다음 손을 약간 눕혀서 아래부터 위로 올리는 방식으로 1~2개의 꽃잎을 만들어주세요. 훨씬 생화에 가까운 꽃이 완성됩니다.

빅토리언 로즈와 꽃봉오리,
램스이어로 만든 플라워케이크

INGREDIENTS

사이즈	**케이크**	**꽃(팁 번호)**	**꽃(색)**	**어레인지**
1호 사이즈 (15×7)	백설기	빅토리언 로즈(97), 꽃봉오리(101), 램스이어(104)	빅토리언 로즈(레드레드+브라운), 꽃봉오리(레드레드+브라운, 모스그린+쑥 가루), 램스이어(녹차 가루+코코아 가루)	변형 리스

FLOWERCAKE

16

빅토리언 로즈
Victorian Rose

굵은 주름과 갈라진 표현이 매우 중요한 꽃이에요. 이러한 요소와 높이 때문에 기본 장미보다 더 생화에 가깝습니다. 아주 조금씩 손을 흔들거나 중간에 힘을 빼면서 꽃을 만들면 자연스러운 주름과 갈라진 표현을 줄 수 있어요. 잔주름이 아닌 굵은 주름을 만들어야 하니 속도를 내지 말고 천천히 작업해야 합니다. 높이도 서서히 내려오는 것보다 좀더 많이 낮아지니 주의하세요. 크게 만들어서 올리기도 하지만 3개의 잎이나 5개의 잎을 올리기도 한답니다. 그럴 때는 봉오리를 만든 다음 팁을 3~4시 방향으로 벌려 짧지만 굵은 주름을 만들어주세요. 꽃과 꽃 사이에 넣으면 케이크의 완성도가 훨씬 높아진답니다.

INGREDIENTS

팁 번호
97

사용한 색
자색고구마 가루+블루베리 가루+흰색 앙금(화이트) 그러데이션

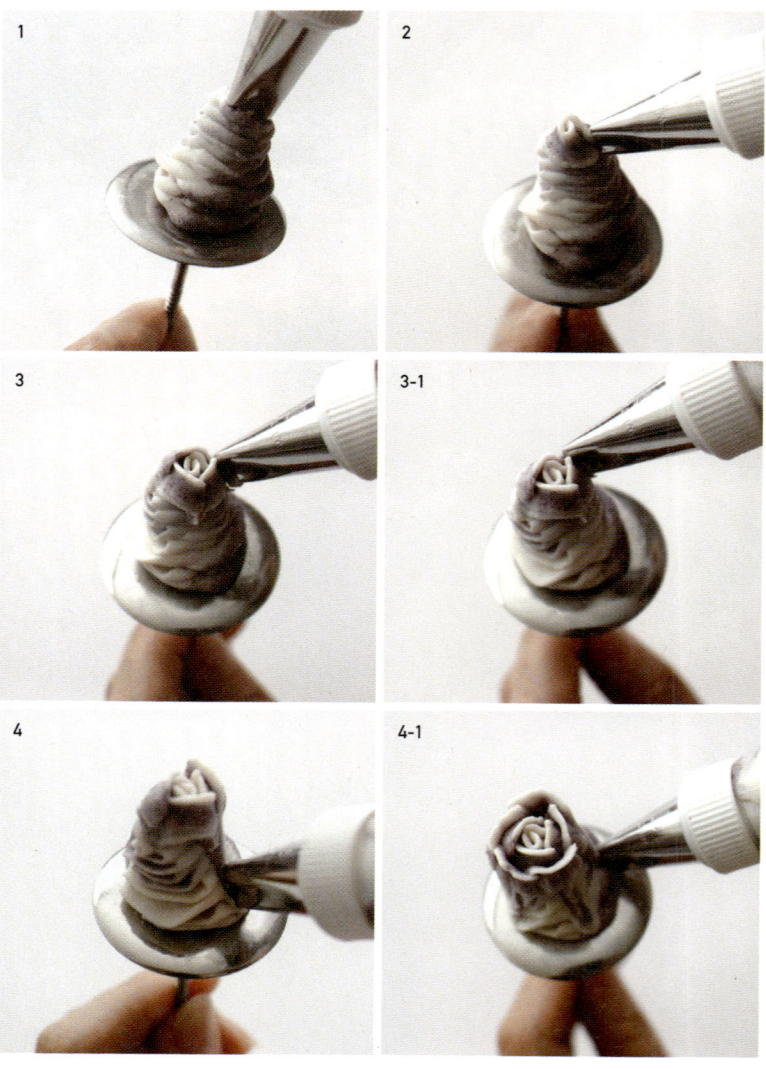

1. 97번 팁을 얇은 부분이 위로 가도록 잡고 처음에는 두껍게 시작해서 점차 얇아지는 기둥을 만들어주세요.

2. 팁의 아랫부분을 기둥 위에 바짝 붙이고 네일을 반시계 방향으로 돌리면서 작은 봉오리를 만들어주세요.

3. 팁을 12시 방향, 90도로 세워 봉오리 옆으로 3개의 꽃잎을 만들어주세요.

4. 팁을 기둥에 바짝 대고 밑에서 3의 꽃잎 높이까지 5개의 꽃잎을 균일하게 만들어주세요.

    notice 주름이 두꺼워야 자연스럽고 예쁜 꽃잎이 만들어집니다.

5. 5개의 꽃잎 아래쪽에 작은 받침대를 세우면서 5개의 꽃잎을 만들어주세요.

   notice 긴 꽃잎을 만들 때는 받침대가 있어야 안정되게 꽃잎을 받칠 수 있습니다.

6. 받침대 오른쪽 아래에 팁의 아랫부분을 바짝 대고 위로 올렸다가 아래로 내리면서 꽃잎을 길게 만들어주세요. 반드시 힘을 뺐다가 주기를 반복해서 굵은 주름과 갈라진 표현을 만들어야 합니다. 속도가 빠르면 주름이 얇아지니 특히 주의하세요.

7. 바깥쪽으로 갈수록 팁을 조금씩 눕혀서 꽃잎이 점점 내려가도록 합니다. 기본 장미보다 꽃잎이 훨씬 낮게 내려오도록 합니다.

   notice 꽃잎 모양이 똑같지 않고 불규칙적이어야 자연스러운 빅토리언 로즈가 만들어집니다.

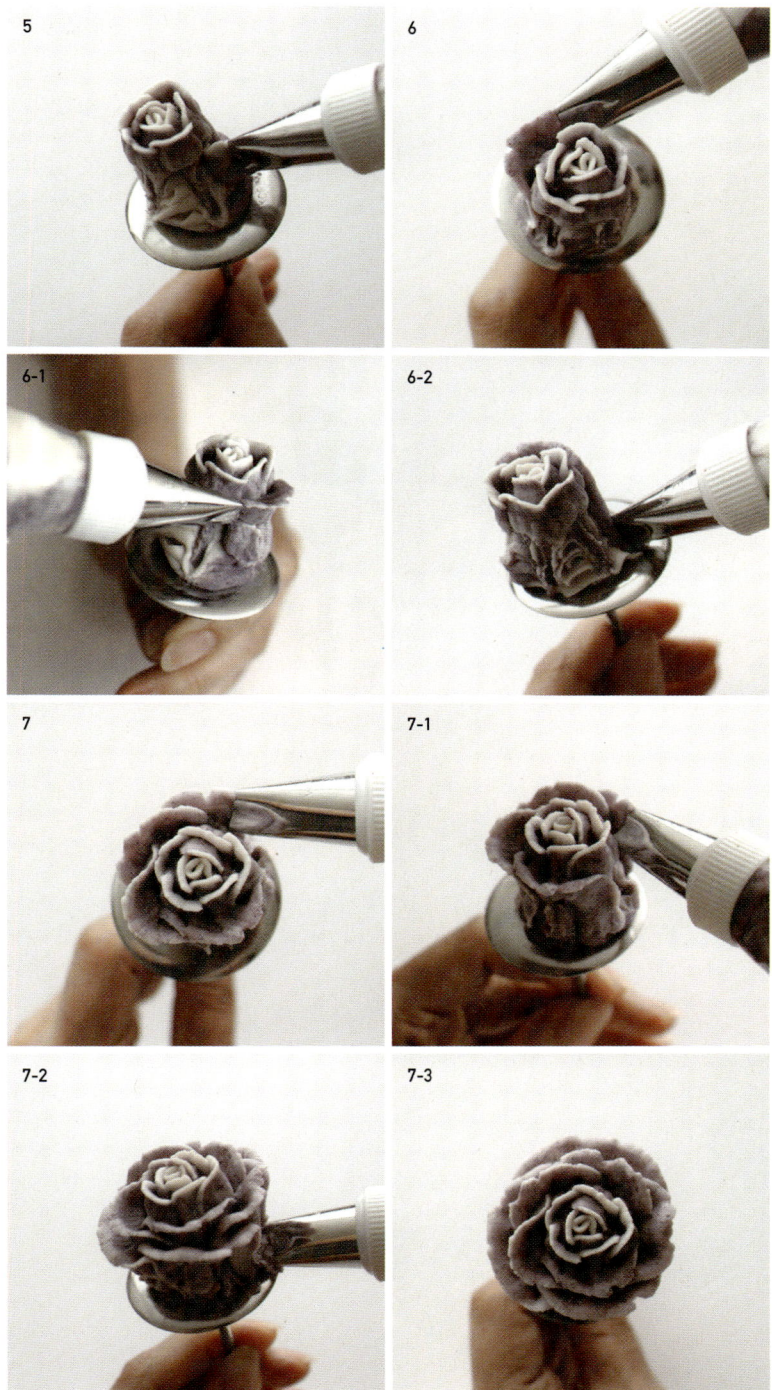

튤립과 램스이어로 만든 플라워케이크

INGREDIENTS

사이즈	케이크	꽃(팁 번호)	꽃(색)	어레인지
1호 사이즈 (15×7)	백설기	튤립(122), 램스이어(104)	튤립(자색고구마 가루+코코아 가루, 화이트 그러데이션), 램스이어(쑥 가루+코코아 가루)	블로섬

17
튤립
Tulip

FLOWERCAKE

절대적인 지지를 받는 튤립은 난이도가 가장 높은 꽃이랍니다. 다른 꽃보다 기둥이 높기 때문에 꽃잎을 올릴 때 기울어지기 쉽거든요. 꽃 전체가 뚱뚱해져서 자칫 앙금 덩어리로 보일 수 있으니 주의하세요. 리스나 블로섬 어레인지를 할 때 유독 빛나는 튤립, 예쁜 꽃은 그냥 얻어지는 게 아니랍니다.

INGREDIENTS

팁 번호
122

사용한 색
자색고구마 가루+흰색 앙금(화이트)
그러데이션

1. 122번 팁을 얇은 부분이 위로 가도록 잡아주세요.

   notice 팁의 크기가 큰 122번 팁은 커플러 없이 짤주머니에 바로 넣어 사용합니다.

2. 팁을 세워 반시계 방향으로 원을 그리면서 작은 기둥을 만들어주세요. 처음에는 두껍고 갈수록 점점 얇은 기둥이어야 합니다.

3. 기둥을 위에서 보았을 때 원 모양을 이루어야 하니 살짝 튀어나온 부분은 꽃가위나 이쑤시개로 잘라내세요.

4. 팁의 아랫부분을 기둥 위에 살짝 박고 네일을 반시계 방향으로 돌리면서 작은 봉오리를 만들어주세요.

FLOWER PIPING

5. 팁을 기둥 옆에 바짝 대고 밑에서 봉오리까지 대각선 방향으로 쭉 올렸다가 손을 살짝 꺾어 긁는 느낌으로 다시 내려주세요.
   <u>notice</u> 팁을 너무 바짝 붙이면 기둥이 쓰러지거나 자국이 남을 수 있으니 힘 조절에 주의합니다.

6. 같은 방법으로 5의 꽃잎 바로 옆에 두 번째 꽃잎을 만들어주세요.

7. 5~6의 방법으로 6~7개의 꽃잎을 더 만들어 완성합니다.

목화와 솔방울로 만든 플라워케이크

INGREDIENTS

사이즈
미니 사이즈
(7×7)

케이크
미니
백설기

꽃(팁 번호)
일반 솔방울(101 또는 102),
베리(3), 램스이어(104),
목화(12, 352)

꽃(색)
일반 솔방울(코코아 가루),
베리(비트 가루+치자 가루), 램스이어
(모스그린+브라운), 목화(화이트+브라운)

18

솔방울
Pine Cone

FLOWERCAKE

앙금 솔방울은 그야말로 진짜 솔방울과 구분하기 힘들 정도랍니다. 파이핑도 중요하지만 조색이 큰 역할을 하죠. 갈색만 쓰지 말고 흰색 앙금, 검정 앙금과 섞어보세요. 생화와 비교해도 손색없을 만큼 자연스럽고 예쁜 솔방울은 겨울에 목화와 잘 어울려 특히 인기가 많답니다.

INGREDIENTS

팁 번호
101(또는 102)

사용한 색
브라운+흰색 앙금(화이트) 그러데이션

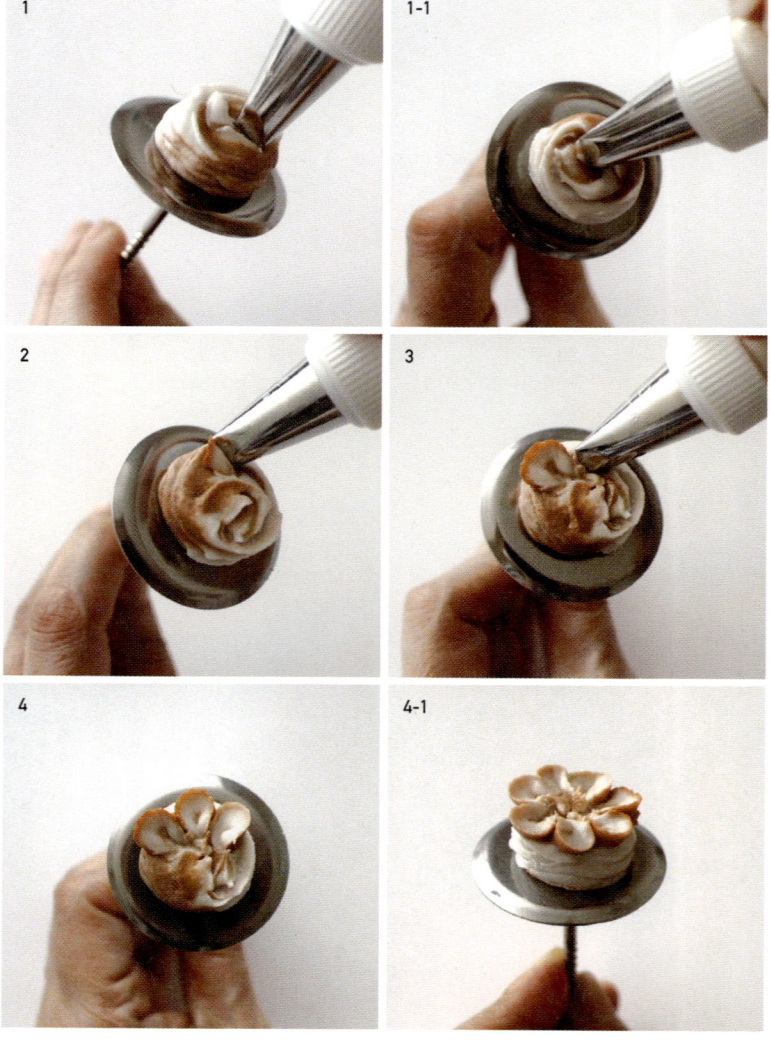

1. 101번 팁을 얇은 부분이 위로 가도록 잡고 눕혀 반시계 방향으로 돌리면서 네일보다 작은 크기로 동그랗게 기둥을 만들고 가운데를 채워주세요.

2. 기둥 꼭대기 한쪽 끝에 팁을 바짝 붙여주세요.

3. 네일을 반시계 방향으로 살짝 돌리면서 팁을 위로 살짝 올렸다가 내려 동그랗게 만들어주세요.

   <u>notice</u> 팁이 네일과 평행하지 않고 약간 대각선이 되도록 세워 잡아야 입체적인 솔방울이 만들어집니다.

4. 3의 방법으로 7개의 잎을 더 만들어주세요.

   <u>notice</u> 개수는 기둥의 크기에 따라 달라집니다.

FLOWER PIPING

5. 가운데 두툼한 기둥을 만들고, 3의 방법으로 앞의 잎보다 살짝 안으로 들어오게 7개의 잎을 만들어주세요.

6. 기둥과 잎을 반복해서 만들되 위로 갈수록 잎의 개수를 점점 줄이세요.

7. 팁을 세워 잎 1개를 만들어 완성합니다. 잎이 서 있는 모습이 됩니다.

   notice 8개부터 1개까지 잎들의 간격을 조금씩 줄여야 예쁘게 완성됩니다. 잎의 개수를 급격하게 줄이면 굵고 짧은 솔방울이 되니 주의합니다.

FLOWERCAKE

19
목화
Cotton

겨울에 가장 많이 만드는 꽃이 바로 목화예요. 솔방울, 베리, 나뭇가지와 정말 잘 어울리는 꽃이죠. 쉬워 보이지만 통통한 잎을 만들거나 균형을 맞추기가 만만치 않아요. 꽃잎은 굵고 짧아야 좋은데, 통통한 애벌레나 아기 엉덩이를 생각하면서 만들어보세요. 이쑤시개로 미리 칸을 나누면 균형을 잡기가 훨씬 쉽답니다.

INGREDIENTS

팁 번호
12, 352
사용한 색
꽃잎 : 흰색 앙금(화이트)
갈색 잎 : 브라운+흰색 앙금(화이트)
그러데이션

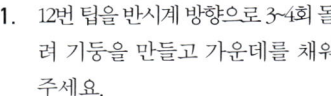

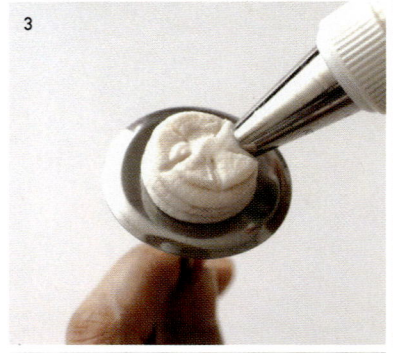

1. 12번 팁을 반시계 방향으로 3~4회 돌려 기둥을 만들고 가운데를 채워주세요.

   notice 기둥 윗면을 평평하게 만듭니다.

2. 이쑤시개로 4~5등분을 나누세요. 꼭 필요한 것은 아니지만 어떻게 잎을 나누어 짤지 미리 그려보는 것이에요. 입문자는 미리 나누고 만들면 훨씬 편하답니다.

3. 기둥 끝에 팁을 대고 안쪽으로 살짝 밀다가 바깥쪽으로 빼면서 누르는 느낌으로, 계속해서 점점 힘을 빼면서 네일 밑으로 얇게 내려 꽃잎을 만들어주세요.

   notice 힘 조절을 하지 않으면 잎이 얇고 길어지니 누르는 느낌으로 동그란 모양을 만듭니다.

FLOWER PIPING

4. 4~5등분을 기준으로 3~4개의 꽃잎을 더 만들어주세요.
   notice 가운데를 채워도 되고 비워두어도 됩니다.

5. 디자인에 따라 앙금 색을 바꾸고 352번 팁을 뾰족한 부분이 위로 가도록 잡아주세요.

6. 팁을 완전히 세우고 목화 잎 사이에 바짝 붙여주세요.

7. 처음에는 힘을 주어 두껍게 짜다가 점점 얇게 짜주세요. 목화 꽃잎과 같거나 살짝 길게 만들면 됩니다.
   notice 꽃잎 사이사이에 놓이는 잎사귀 중에 한두 개를 조금 불규칙적으로 길게 만들면 좀더 생화 느낌이 납니다.

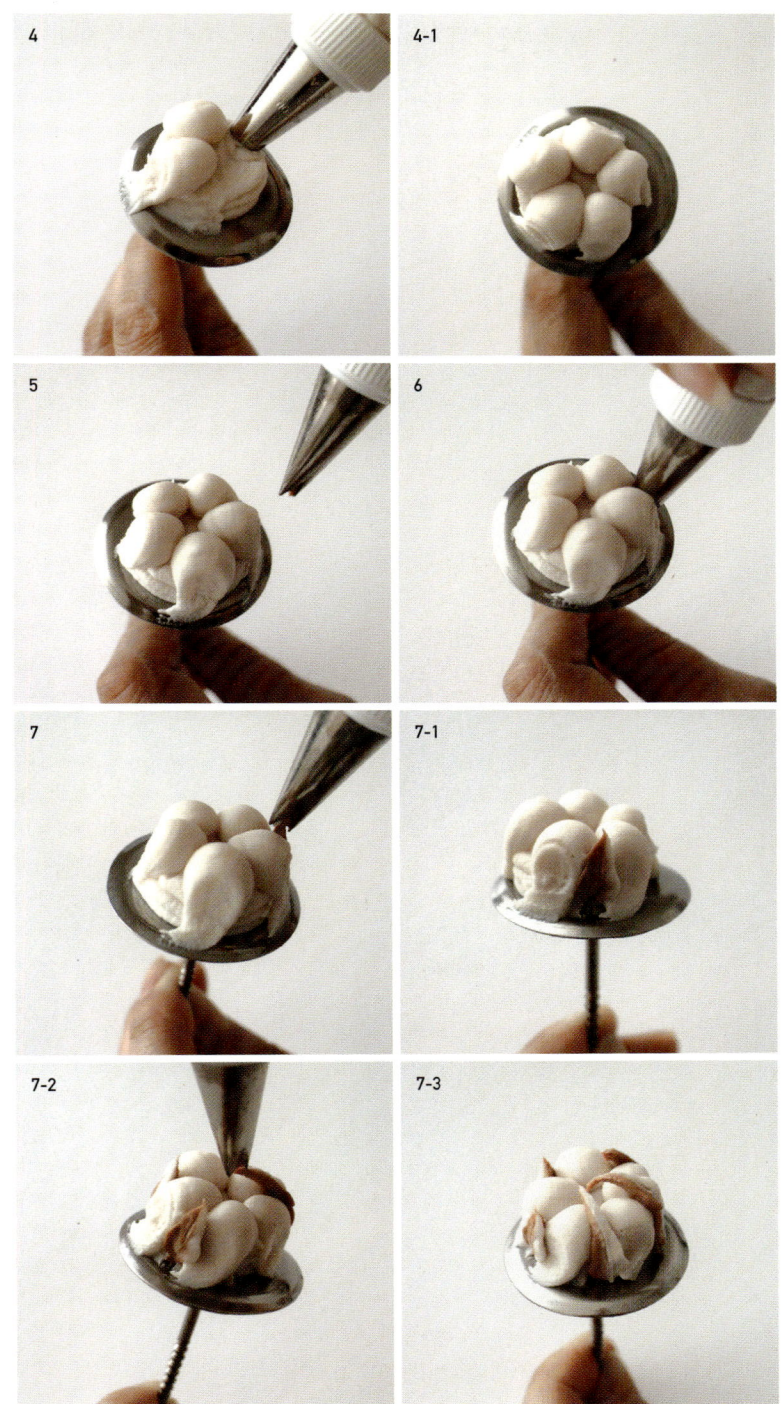

야생 솔방울과 화이트 베리, 라즈베리로 만든 플라워케이크

INGREDIENTS

사이즈
1호 사이즈
(15×7)

케이크
백설기

꽃(팁 번호)
야생 솔방울(101 또는 102),
화이트 베리(3), 라벤더(16),
목화(12, 352), 라즈베리(3),
램스이어(104)

꽃(색)
야생 솔방울(청치자 가루),
화이트 베리(화이트), 라벤더(치자 가루), 목화(화이트+코코아 가루),
라즈베리(로열블루+바이올렛),
램스이어(모스그린+코코아 가루)

어레인지
변형 리스

FLOWERCAKE

20
야생 솔방울
Pine Cone

일반 솔방울이 동글동글한 반면 야생 솔방울은 이름처럼 거친 느낌이에요. 난이도가 높지는 않지만 잎이 너무 길면 휘어질 수 있고, 잎을 너무 겹치면 둔해 보이니 주의해야 합니다. 잎은 짧고 굵게, 그리고 살짝 겹쳐야 합니다. 야생 솔방울 또한 그러데이션을 했을 때 더욱 빛나는데, 개인적으로 흰색이나 검정색을 섞어서 만든답니다.

INGREDIENTS

팁 번호
101(또는 102)
사용한 색
브라운+흰색 앙금(화이트) 그러데이션

1. 101번 팁을 얇은 부분이 위로 가도록 잡고 네일 위에 완전히 눕혀 반시계 방향으로 돌리면서 손가락 한 마디 크기의 산 모양 기둥을 만들어주세요.

2. 팁을 기울여서 기둥 맨 위에 붙이고 기둥보다 살짝 높게 잎을 만들어주세요. 이때 잎이 일자가 아니라 안으로 살짝 기울어져야 합니다.

   notice 잎이 너무 길면 휘어질 수 있으니 얇지도 길지도 않게 굵고 짧은 잎을 만듭니다.

FLOWER PIPING

3. 2의 방법으로 3~4개의 잎을 겹쳐서 만들어주세요.

4. 같은 방법으로 3의 잎 바로 아래 위의 잎 절반가량 겹치면서 계속 잎을 만들어주세요.

   notice 팁을 기둥에 바짝 붙여야 잎 사이가 뜨지 않고 예쁘게 만들어집니다.

5. 같은 방법으로 기둥 아래까지 촘촘하게 잎을 만들어주세요.

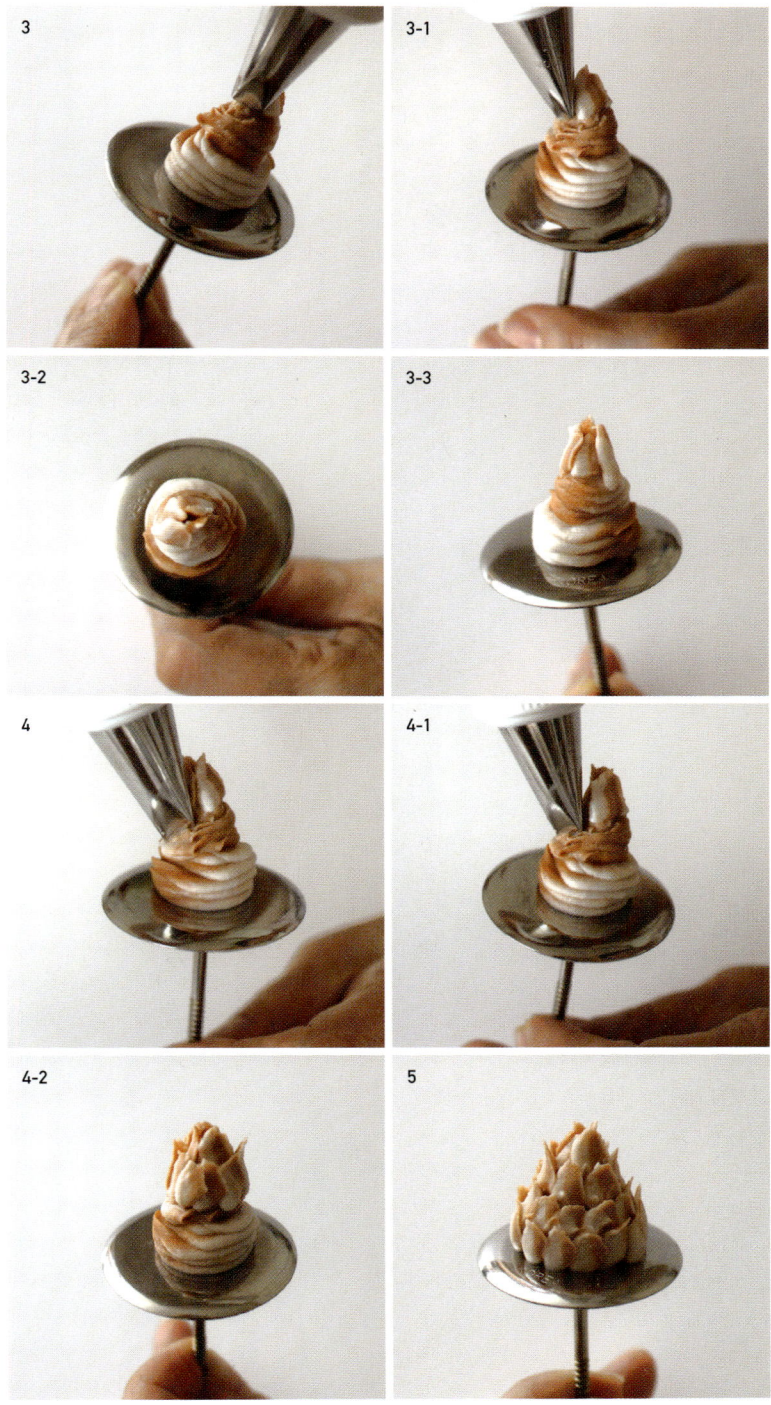

FLOWERCAKE

21
화이트 베리
White Berry

흰색과 검은색 단 2가지 색으로 굵게 짜서 '톡' 찍기만 하면 되는 화이트 베리는 비교적 쉽게 만들 수 있는 열매예요. 블루베리, 라즈베리, 화이트 베리를 모두 올려서 앙금 베리 케이크를 만들어도 참 예쁘죠. 실제 과일처럼 보여서 더 좋답니다. 이렇게 작은 베리들은 꽃이나 줄기, 잎 사이에 넣었을 때 특히 빛을 발해요.

INGREDIENTS

팁 번호
3
사용한 색
베리 : 흰색 앙금(화이트)
중앙 : 블랙

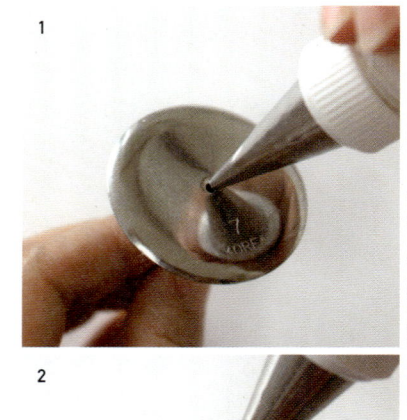

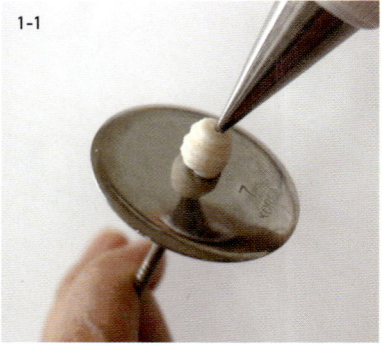

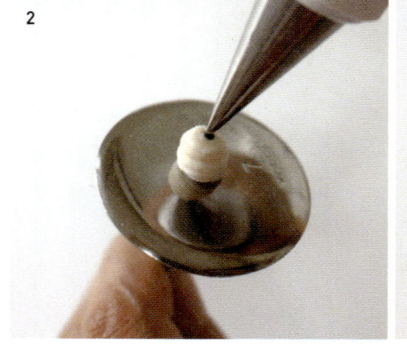

1. 3번 팁을 이용해 흰색 앙금으로 굵고 동그란 기둥을 만들어주세요.
2. 기둥 꼭대기에 팁을 살짝 대고 검정색 앙금을 살짝 묻히듯이 작게 찍어주세요. 중앙의 검정색이 길지 않고 작아야 훨씬 예뻐요.

22
라즈베리
Raspberry

FLOWER PIPING

포인트를 주고 싶을 때는 언제나 라즈베리를 이용하세요. 어떤 색으로 어디에 올려도 예쁘고 만들기도 쉽답니다. 블루베리와 마찬가지로 한 가지 색보다 흰색이나 짙은 퍼플 등과 섞으면 훨씬 자연스러운 라즈베리를 만들 수 있어요.

INGREDIENTS

팁 번호
3

사용한 색
레드레드+흰색 앙금(화이트) 그러데이션

1. 3번 팁으로 굵게 짜서 동그란 기둥을 만들어주세요.
2. 기둥 위에 작은 점 모양으로 열매를 짜주세요. 기둥을 전부 채우고 맨 위 가운데는 살짝 비워두세요.

   notice 가운데를 비워두기 어렵다면 모두 만든 다음 이쑤시개로 구멍을 만들어도 됩니다.

프로테아로 만든
플라워케이크

INGREDIENTS

사이즈	케이크	꽃(팁 번호)	꽃(색)	어레인지
1호 사이즈 (15×7)	백설기	작약(122), 램스이어(104), 프로테아(102, 3)	작약(레드레드+브라운), 램스이어(쑥 가루, 모스그린, 코코아 가루), 프로테아(레드레드+브라운, 오징어 먹물, 화이트)	리스

FLOWERCAKE

23
프로테아
Protea

최근 꽃꽂이 소재로 자주 등장하는 프로테아는 모양이 특이해서 인기가 많은 꽃이에요. 실제로도 크기가 큰 꽃인데, 생화처럼 크게 만들어서 작은 꽃들과 배치해도 되고, 다른 꽃들과 비슷한 크기로 만들어도 좋아요. 옆면 잎은 평균 3단을 만드는데, 단끼리 너무 많이 겹치면 전체적으로 크고 뚱뚱한 꽃이 될 수 있으니 주의하세요.

INGREDIENTS

팁 번호
101(또는 102), 1, 3

사용한 색
꽃잎 : 백년초 가루+코코아 가루
흰 수술 : 흰색 앙금(화이트)
검정 수술 : 블랙

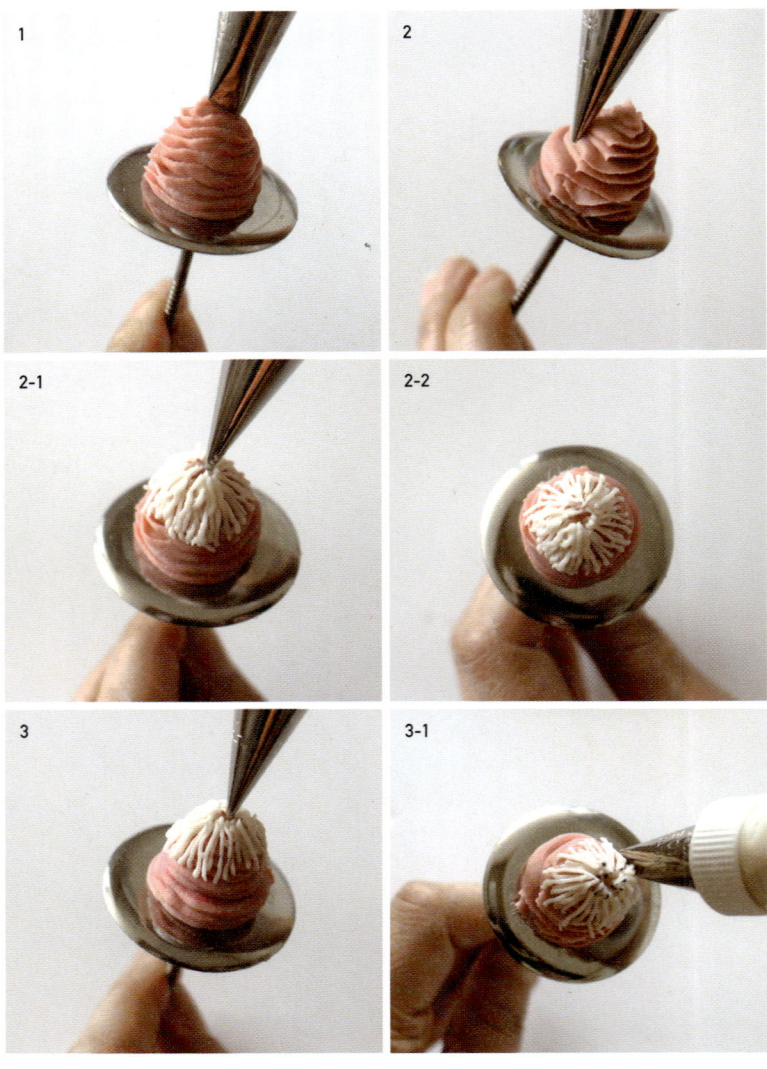

1. 101번이나 102번 팁을 얇은 부분이 위로 가도록 잡고, 처음에는 두껍게 시작해서 점점 얇아지는 기둥을 만들어주세요.

2. 1번 팁으로 기둥 중간쯤에서 시작해 위로 올려 선을 만들어주세요.
   point 선을 끝까지 올리지 않습니다. 위에서 봤을 때 기둥 가운데 공간을 조금 남겨둡니다.
   notice 너무 두꺼우면 보기 좋지 않으니 가급적 얇게 만듭니다.

3. 3번 팁으로 2의 선 윗부분에 앙금을 살짝 묻히듯이 아주 작게 짜 올리세요.

FLOWER PIPING

4. 101번이나 102번 팁을 얇은 부분이 위로 가도록 잡고 기둥 중간부터 선이 시작되는 부분까지 꽃잎을 만들어주세요. 빈 공간 없이 꽃잎을 붙이는데, 너무 강하게 짜서 꽃잎이 두꺼워지지 않도록 주의하세요.

   notice 선의 아랫부분을 살짝 가려야 자연스럽게 만들어집니다.

5. 4의 꽃잎 아래로 3단의 꽃잎을 만들어주세요. 이때 윗단 꽃잎의 3분의 1 정도 가려지는 것이 좋아요.

프리지아와 부바르디아, 꽃봉오리로 만든 플라워케이크

INGREDIENTS

사이즈	케이크	꽃(팁 번호)	꽃(색)	어레인지
사각 (15×5)	백설기	프리지아(61), 부바르디아(353), 램스이어(104)	프리지아(치자 가루), 부바르디아(화이트), 램스이어(녹차 가루+코코아 가루)	변형

24
프리지아
Freesia

프리지아는 전체적인 크기가 작아야 예쁜 꽃이에요. 팁을 최대한 기둥에 붙이고 기둥을 깎는 느낌으로 올렸다가 내려서 꽃잎을 만드는 것이 좋아요. 생화로도 워낙 인기 있는 꽃이어서 플라워케이크로 만들어 선물했을 때 반응이 가장 좋답니다. 프리지아만으로 리스 어레인지를 하면 환하고 밝은 봄 분위기를 살릴 수 있어요.

INGREDIENTS

팁 번호
61
사용한 색
녹차 가루+치자 가루

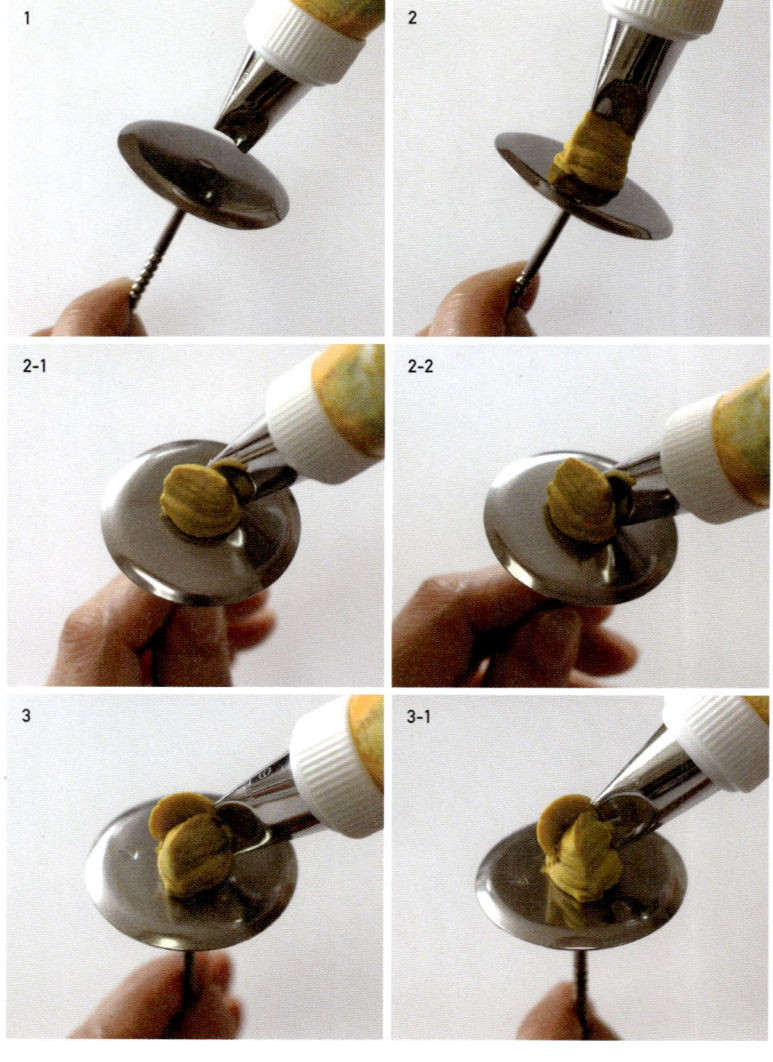

1. 61번 팁을 얇은 부분이 위로 가도록 잡아주세요.
2. 팁을 눕혀서 손가락 한 마디보다 살짝 낮은 기둥을 만들어주세요.
3. 팁의 아랫부분을 기둥 밑에 바짝 대고 네일을 반시계 방향으로 돌리면서 기둥보다 높이 올렸다가 내리는 방식으로 꽃잎을 만들어주세요.
   notice 잎이 기둥보다 높아야 꽃이 뚱뚱해지지 않으니 주의합니다.

FLOWER PIPING

4. 3의 방법으로 꽃잎을 조금씩 겹쳐서 2개의 꽃잎을 만들어주세요. 위에서 봤을 때 삼각형을 이루어야 합니다.

   <u>notice</u> 힘을 주지 않으면 꽃잎이 너무 많이 기울어지고 전체적으로 뚱뚱해지니 힘 조절에 유의합니다.

5. 4의 꽃잎 뒤로 서로 엇갈리게 3개의 꽃잎을 더 만들어주세요.

25
활짝 핀 프리지아
Freesia

FLOWERCAKE

안쪽 꽃은 피기 전의 프리지아와 같은 방법으로 만들고 바깥쪽 잎은 변형 동백꽃처럼 팁의 아랫부분을 바짝 붙이고 펼쳐진 꽃잎을 만들면 됩니다. 이때 살짝 갈라진 표현을 하면 훨씬 생화처럼 보인답니다. 활짝 핀 프리지아는 너무 크지 않게 만들어주세요.

INGREDIENTS

팁 번호
61
사용한 색
녹차 가루+치자 가루

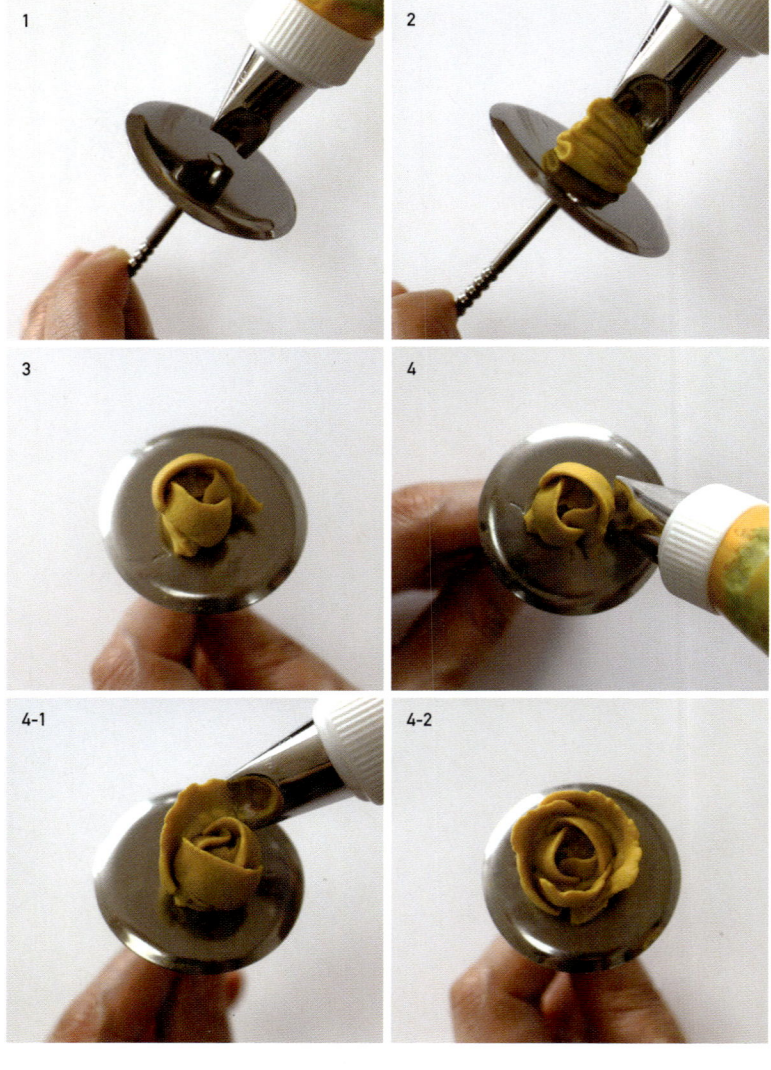

1. 61번 팁을 얇은 부분이 위로 가도록 잡아주세요.
2. 팁을 눕혀서 손가락 한 마디보다 조금 낮은 기둥을 만들어주세요.
3. '프리지아'(282쪽)를 참고해 3개의 꽃잎을 만들어주세요.
4. 3의 꽃잎과 엇갈리도록 펼쳐진 3~4개의 꽃잎을 만들어주세요. 팁을 눕혀서 아랫부분을 꽃잎에 대고 올리면서 팁을 벌리면 꽃잎이 펴진답니다. 손에 힘을 살짝 빼서 갈라진 표현을 해도 좋아요.

   notice 팁을 꽃잎에 바짝 붙이지 않으면 나중에 잎이 하나씩 바닥에 떨어질 수 있으니 주의합니다.

FLOWER PIPING

5. 4의 방법으로 3~4개의 꽃잎을 더 만들어 완성합니다.

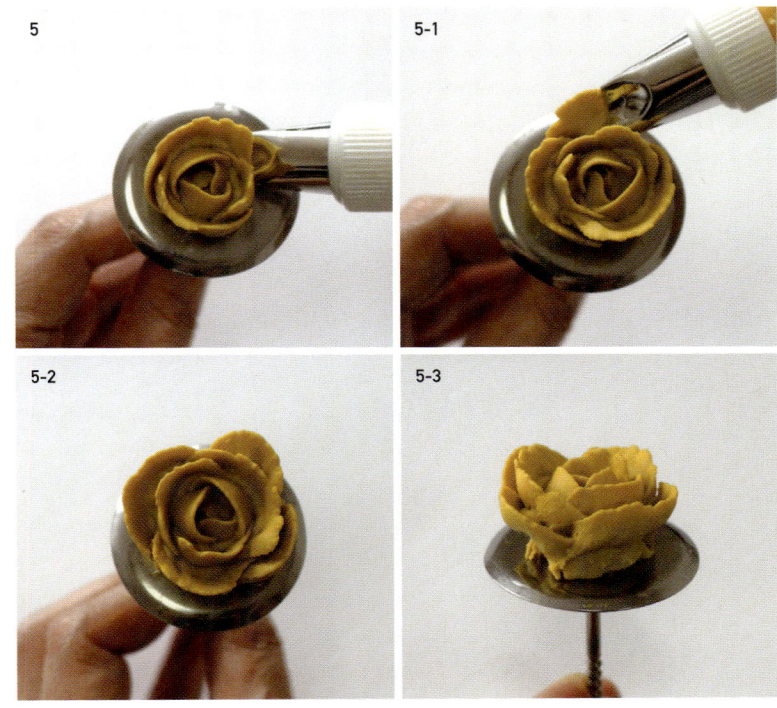

FLOWERCAKE

26
부바르디아
Bouvardia

작고 귀여운 부바르디아는 꽃 사이에 넣어서 포인트를 주거나 케이크를 좀더 풍성하게 만들어주는 꽃이에요. 돔 어레인지 위에 부바르디아만 가득 올려도 아주 사랑스럽답니다.

INGREDIENTS

팁 번호
353

사용한 색
흰색 앙금(화이트)

1. 353번 팁을 뾰족한 부분이 위로 가도록 잡아주세요.

2. 지름이 1cm 정도 되는 통통하고 동그란 기둥을 만들어주세요.
   notice 부바르디아는 꽃 자체가 크지 않기 때문에 기둥도 적당한 크기로 만듭니다.

3. 기둥 위에 처음에는 두껍게 시작했다가 점점 얇아지는 짧은 꽃잎을 하나 만들어주세요.
   notice 살짝 대각선 방향으로 서 있어야 예쁜 모양이 만들어집니다.

4. 같은 방법으로 3의 꽃과 살짝 겹치게 꽃잎을 하나 더 만들어주세요.

5. 중심을 맞춰서 4개의 꽃잎을 만들어주세요.
   notice 가운데를 살짝 비워두면 귀여운 느낌을 줄 수 있습니다.

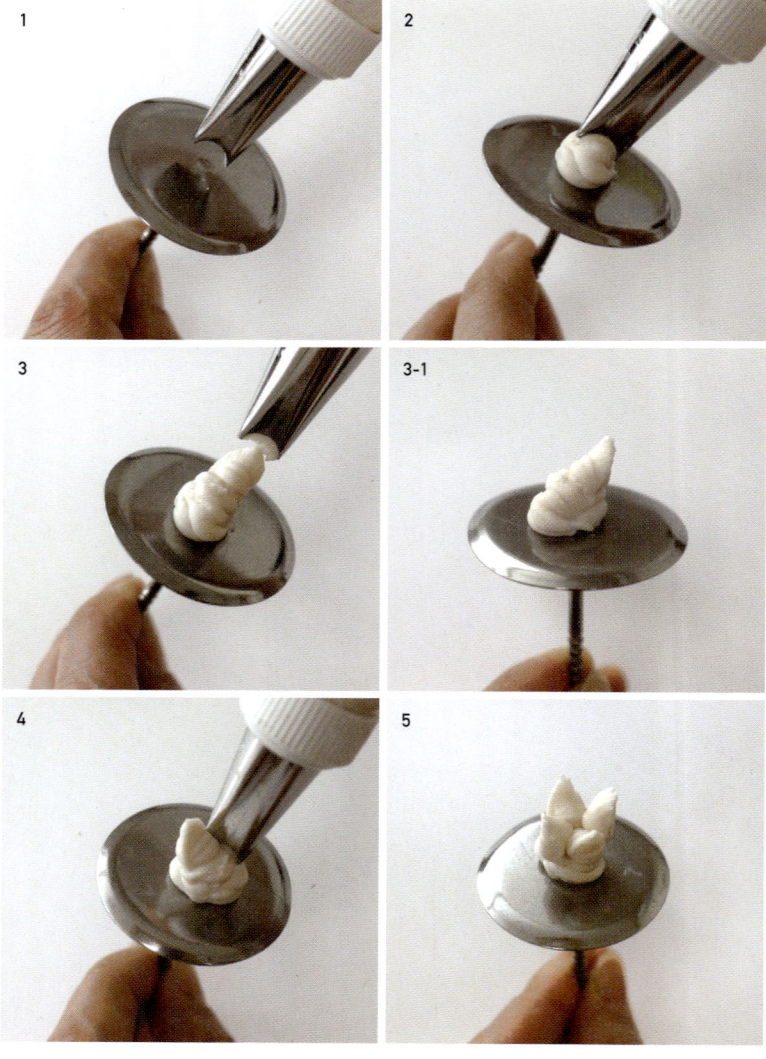

FLOWER PIPING

27
꽃봉오리
Flower Bud

꽃과 꽃 사이에 꽃봉오리를 만들어보세요. 장미나 리시안셔스 등 다른 입체적인 꽃 어느 것이나 사용할 수 있어요. 여기서는 작은 꽃에 잎을 만들어 아직 피지 않은 꽃을 표현해 봅니다.

INGREDIENTS

팁 번호
1C4

사용한 색
꽃봉오리 : 버건디+브라운+자색고구마 가루
잎 : 모스그린+브라운

1. '빅토리언 로즈'(258쪽)나 '작약'(232쪽)을 참고해서 5~6개의 꽃잎을 가진 작은 꽃을 만든 다음 104번 팁을 눕혀서 꽃의 아랫부분에 꽂는 느낌으로 바짝 붙여주세요.

2. 기둥 아래부터 위까지 처음에는 두꺼웠다가 점점 얇아지는 잎을 만들어주세요.

3. 2의 방법으로 3~4개의 잎을 더 만들어주세요.

    notice 꽃잎을 서로 완전히 붙여도 되고 살짝 떼어서 자연스러운 느낌을 줘도 됩니다.

4. 꽃가 위로 기둥을 완전히 잘라서 사용합니다.

줄리엣 로즈와 다알리아로 만든 플라워케이크

INGREDIENTS

사이즈	케이크	꽃(팁 번호)	꽃(색)	어레인지
1호 사이즈 (15×7)	백설기	줄리엣 로즈(122), 램스이어(104), 부바르디아(353), 다알리아(102, 81), 라벤더(16), 수국(103)	줄리엣 로즈(백년초 가루), 램스이어(청치자 가루+녹차 가루+브라운), 부바르디아(화이트), 다알리아(바이올렛+브라운), 라벤더(치자 가루+모스그린), 수국(자색고구마 가루+화이트)	변형

FLOWERCAKE

28
다알리아
Dahlia

정갈한 잎이 특징인 다알리아는 플라워케이크에 입체감을 불어넣는 꽃이에요. 밑부분이 뾰족한 잎은 램스이어에서 변형된 것이니 램스이어를 충분히 연습하면 쉽게 만들 수 있답니다. 중앙에 잎을 세워서 놓기 때문에 한쪽으로 치우치지 않도록 균형을 맞춰주세요.

INGREDIENTS

팁 번호
101(또는 102), 81
사용한 색
레드레드

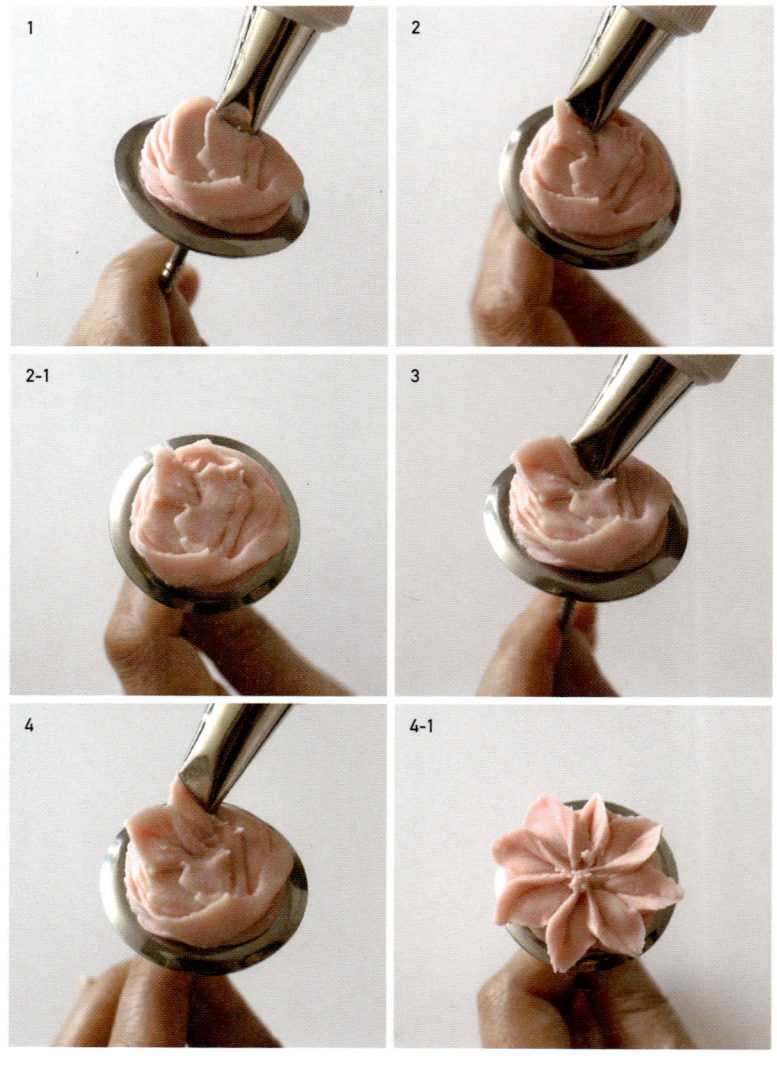

1. 101번이나 102번 팁을 얇은 부분이 위로 가도록 잡고 반시계 방향으로 돌려 원 모양의 기둥을 만들고 가운데 구멍은 막아주세요.

2. 팁을 눕혀서 아랫부분을 기둥 끝에 붙이고 짧게 올려 끝 모양이 뾰족한 꽃잎을 만들어주세요.

3. 2의 꽃잎 끝부분에 다시 팁을 대고 '>' 모양으로 잎을 꺾어 내려 꽃잎을 달아주세요.

4. 1~3을 반복해서 한 바퀴 채울 만큼 꽃잎을 만들어주세요. 여기서는 8개의 꽃잎을 만들었어요.

FLOWER PIPING

5. 1~4의 방법으로 4의 꽃잎 위에 이전보다 조금 짧은 꽃잎을 아래 꽃잎과 엇갈리게 만들어주세요.

6. 팁을 눕혀 가운데 빈 공간을 채워 주세요.

7. 6 위로 팁을 일자로 뻗어 6개의 꽃잎을 아래보다 조금 짧게 만들어주세요.

8. 81번 팁을 세워 꽃잎을 5~6개 만들어주세요.

9. 8의 꽃잎보다 조금 더 펼쳐지도록 팁을 눕혀 꽃잎을 만들어주세요.

   <u>notice</u> 81번 팁을 사용할 경우 짧게 만들어야 꽃잎이 쓰러지지 않습니다.

FLOWERCAKE

29

줄리엣 로즈
Juliet Rose

겹겹이 쌓인 꽃잎이 풍성한 꽃이에요. 꽃잎이 많아서 파이핑 도중 쓰러지기도 하고 자칫 지저분해 보일 수 있으니 안쪽 꽃잎을 규칙에 따라 주의해서 만들어야 합니다. 힘을 뺐다가 주기를 반복하면서 갈라진 표현을 하면 훨씬 자연스럽답니다.

INGREDIENTS

팁 번호
122

사용한 색
바이올렛+브라운+흰색 앙금(화이트)

1. 122번 팁을 얇은 부분이 위로 가도록 잡고 눕혀서 네일을 반시계 방향으로 돌려 기둥을 만들고 가운데를 막아주세요.

2. 팁의 아랫부분을 기둥 위에 바짝 붙이고 가장자리까지 일자로 짰다가 다시 중앙으로 돌아오세요. 끝까지 끊지 않아도 되고, 끝부분에서 끊었다가 돌아와도 된답니다.

3. 1~2의 방법으로 5~6개의 꽃잎을 만들어주세요.

    notice 꽃잎이 너무 길면 쓰러질 수 있으니 주의합니다.

4. 3의 꽃잎 사이에 팁을 넣고 꽃잎을 따라 또 다른 잎을 만들어주세요.

    notice 같은 모양으로 균형 있게 만들어도 예쁘지만, 모양과 크기가 조금씩 다르거나 한쪽으로 꽃잎이 쏠리면 생화 느낌을 살릴 수 있습니다.

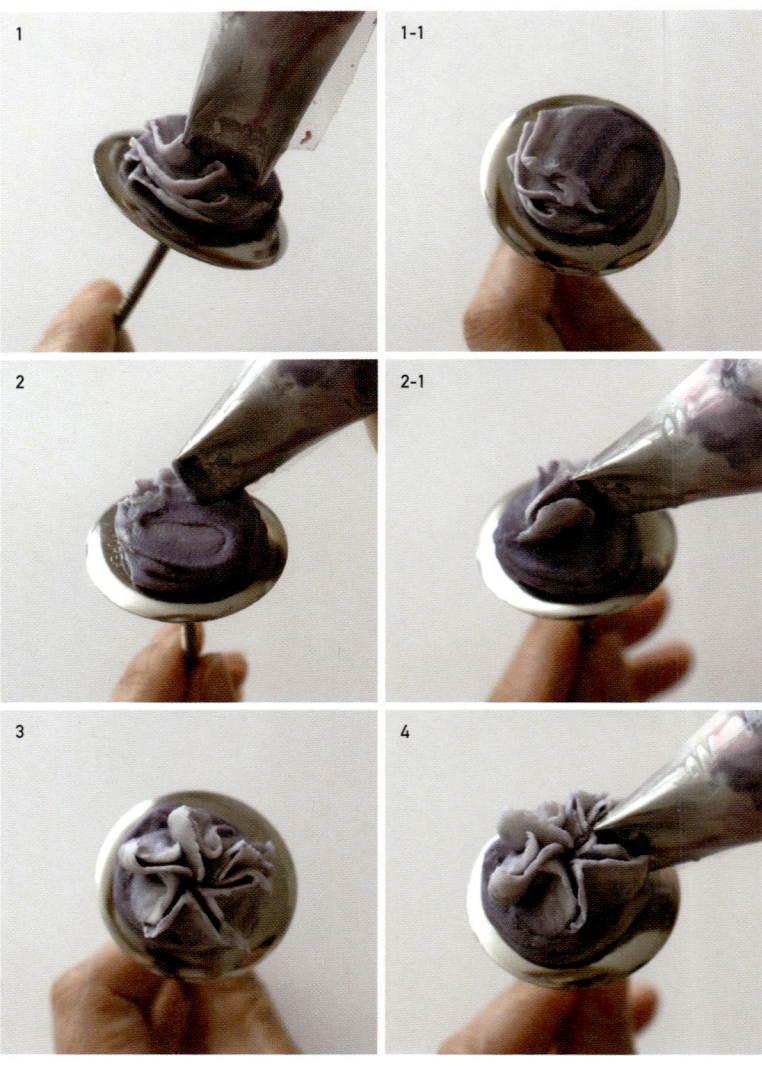

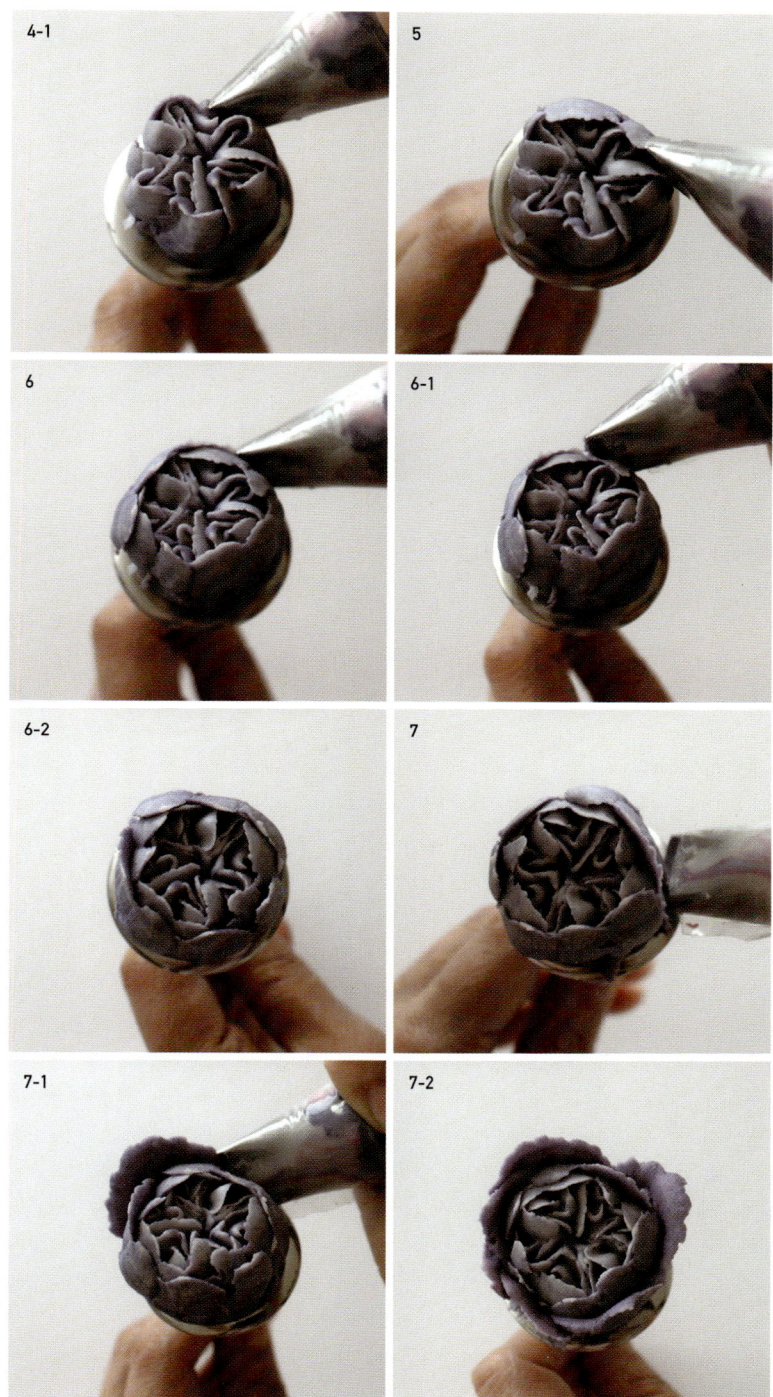

5. 팁을 세워 아랫부분을 기둥에 대고 네일을 반시계 방향으로 돌리면서 기존의 꽃잎을 감싸듯이 조금 높게 바깥쪽 꽃잎을 만들어주세요.

    notice 팁을 기둥에 완전히 붙여야 꽃잎이 기둥에 잘 붙습니다.

6. 5의 꽃잎과 조금씩 겹치도록 바깥쪽 꽃잎을 4~5개 더 만들어주세요.

    notice 122번 팁은 안으로 휘어진 모양이기 대문에 손을 너무 안쪽으로 구부리면 안쪽 꽃잎들이 보이지 않을 수 있으니 주의합니다.

7. 팁을 조금 눕혀서 조금 펼쳐진 꽃잎을 4~5개 더 만들어주세요.

    notice 1~2개의 꽃잎을 살짝 안으로 구부려서 만들면 좀더 자연스럽게 표현됩니다. 꽃잎 한두 개는 팁을 2~3시 방향으로 펼쳐서 만들고, 몇 개는 10~11시 방향으로 구부려서 만듭니다.

선인장과 다육이로 만든 플라워케이크

INGREDIENTS

사이즈	케이크	꽃(팁 번호)	꽃(색)	어레인지
4cm	컵 설기	선인장(101, 1) 다육이(352)	선인장(모스그린+쑥 가루, 코코아 가루, 가시 : 화이트), 다육이(모스그린+브라운)	3개 붙여서 올림

FLOWERCAKE

30
101번 팁으로 만든
기본 선인장
Cactus

다육이와 함께 사랑받는 것이 기본 선인장이에요. 생화처럼 보이는 것 중 하나로 어렵지 않게 완성할 수 있어요. 가시는 아주 작아야 더욱 진짜 선인장처럼 보인답니다. 101번 또는 102번 팁으로 만들면 되는데, 팁의 모양은 각기 달라도 같은 모양의 선인장을 만들 수 있으니 어떤 팁을 사용해도 상관없어요.

INGREDIENTS

팁 번호
101(또는 102), 1
사용한 색
잎 : 모스그린+브라운
가시 : 흰색 앙금(화이트)

1. 팁을 끼우지 않고 커플러 채로 두껍게 시작해서 점점 얇아지는 기둥을 만드는데, 여러 번 짜서 조금 두껍게 해주세요.

2. 101번이나 102번 팁을 얇은 부분이 위로 가도록 잡은 다음 아랫부분을 기둥에 살짝 대고 위에서 밑으로 내리면서 잎을 만들어 주세요.

   <u>notice</u> 팁을 기둥에서 떨어뜨리면 잎이 흔들릴 수 있으니 주의합니다.

FLOWER PIPING

3. 2의 방법으로 기둥 전체에 잎을 만들어주세요.
4. 1번 팁으로 잎의 뾰족한 부분에 위부터 아래로 작은 가시를 만들어 완성합니다.

tip ——

352번 팁으로 만든 기본 선인장입니다.

FLOWERCAKE

31
다육이
Succulent

다육식물의 인기와 더불어 앙금 다육이도 많이 만든답니다. 기본 잎사귀 파이핑의 변형이므로 잎사귀를 잘 만든다면 이것 또한 어렵지 않아요. 갈색과 어두운 빨간색을 초록 앙금과 섞고 잎의 방향을 불규칙하게 만들면 훨씬 생화처럼 보인답니다. 어른들이 좋아하는 다육이를 컵 설기로 만들어 선물해 보세요.

INGREDIENTS

팁 번호
352
사용한 색
모스그린+브라운

1. 352번 팁을 뾰족한 부분이 위로 가도록 잡고 네일을 반시계 방향으로 돌려가며 아래는 두툼하고 위로 갈수록 얇아지는 기둥을 만들어주세요.

2. 기둥 위에 팁을 대고 잎을 하나 만들어주세요.
   notice 옆에서 보았을 때 잎이 대각선 방향으로 서야 합니다.
   point 잎은 반드시 짧고 굵게 만듭니다. 길고 얇으면 다육이 모양을 제대로 표현할 수 없습니다.

3. 네일을 반 바퀴 돌리고 2의 잎과 마주 보는 잎을 만들어주세요.

FLOWER PIPING

4. 3을 반복해 기둥 전체에 잎을 채우되, 각각의 방향을 불규칙하게 만들면 훨씬 더 자연스러운 다육이가 탄생합니다.

포인세티아와 나뭇가지 리스로 만든 플라워케이크

INGREDIENTS

사이즈
1호 사이즈
(15×7)

케이크
백설기
(103쪽 참고)

꽃(팁 번호)
포인세티아(352),
나뭇가지 리스(3),
램스이어(104),
화이트 베리(3), 야생
솔방울(101 또는 102)

꽃(색)
포인세티아(화이트+청치자 가루+브라운),
나뭇가지(화이트+청치자 가루+브라운),
램스이어(쑥 가루+브라운+녹차 가루),
화이트 베리(화이트, 로열블루+블랙),
야생 솔방울(치자 가루+브라운+청치자 가루)

어레인지
변형 리스

32
포인세티아
Poinsettia

정렬적인 빨간색 포인세티아는 겨울과 잘 어울리는 꽃이에요. 꽃잎이 처지면 예쁘지 않으니 살짝 위로 올라가도록 만들어주세요. 끝부분을 뾰족하게 만드는 것도 포인트랍니다. 여기서는 흰색 수술을 만들었지만 갈색이나 노랑과 섞은 수술도 보기 좋아요.

INGREDIENTS

팁 번호
352, 3
사용한 색
꽃잎 : 레드레드+브라운
수술 : 흰색 앙금(화이트)

1. 352번 팁을 뾰족한 부분이 위로 가도록 잡고 팁을 세워서 원을 그리며 짜 올려 네일보다 작은 기둥을 만들어주세요.

2. 352번 팁을 그대로 사용해 기둥 위에 꽃을 만드는데 처음에는 두껍게 시작했다가 점점 얇아져야 합니다.

    <u>notice</u> 옆에서 봤을 때 꽃잎이 대각선 모양이어야 하고, 너무 길면 꽃이 처질 수 있으니 주의합니다.

FLOWER PIPING

3. 전체적으로 오각형 또는 별 모양이 되도록 균형을 맞춰 5개의 꽃잎을 만들어주세요.

4. 3의 꽃잎과 겹치지 않도록 사이사이에 엇갈려서 5개의 꽃잎을 조금 짧게 만들어주세요.

5. 3번 팁으로 가운데 수술을 짧게 만들어 완성합니다.

리시안셔스와 다양한 꽃으로 만든 플라워케이크

INGREDIENTS

사이즈
1호 사이즈
(15×7)

케이크
백설기

꽃(팁 번호)
라넌큘러스(61),
램스이어(104),
데이지(102,3),
라벤더(16),
큰 잎 해바라기(102, 3),
리시안셔스(122),
백합(122, 3)

꽃(색)
라넌큘러스(쑥 가루+코코아 가루, 로열블루), 램스이어(모스그린, 치자 가루, 코코아 가루), 데이지(화이트, 치자 가루), 라벤더(로열블루+치자가루, 모스그린), 큰 잎 해바라기(치자 가루, 오징어 먹물), 리시안셔스(치자 가루, 모스그린), 백합(로열블루, 모스그린, 브라운)

어레인지
변형 리스

FLOWERCAKE

33
리시안셔스
Lisianthus

꽃잎을 불규칙하게 만들어 자연스러움을 살린 리시안셔스. 수술을 어떤 색으로 할지 고민된다면 갈색을 선택해 보세요. 가끔 리시안셔스 꽃잎과는 전혀 어울리지 않는 짙은 보라나 파랑 수술을 올리는 경우도 있는데, 그보다는 갈색이 안정적이고 예쁘답니다.

INGREDIENTS

팁 번호
122, 3

사용한 색
꽃잎 : 로즈+브라운+흰색 앙금(화이트) 그러데이션
수술 : 브라운, 골든옐로, 모스그린+브라운

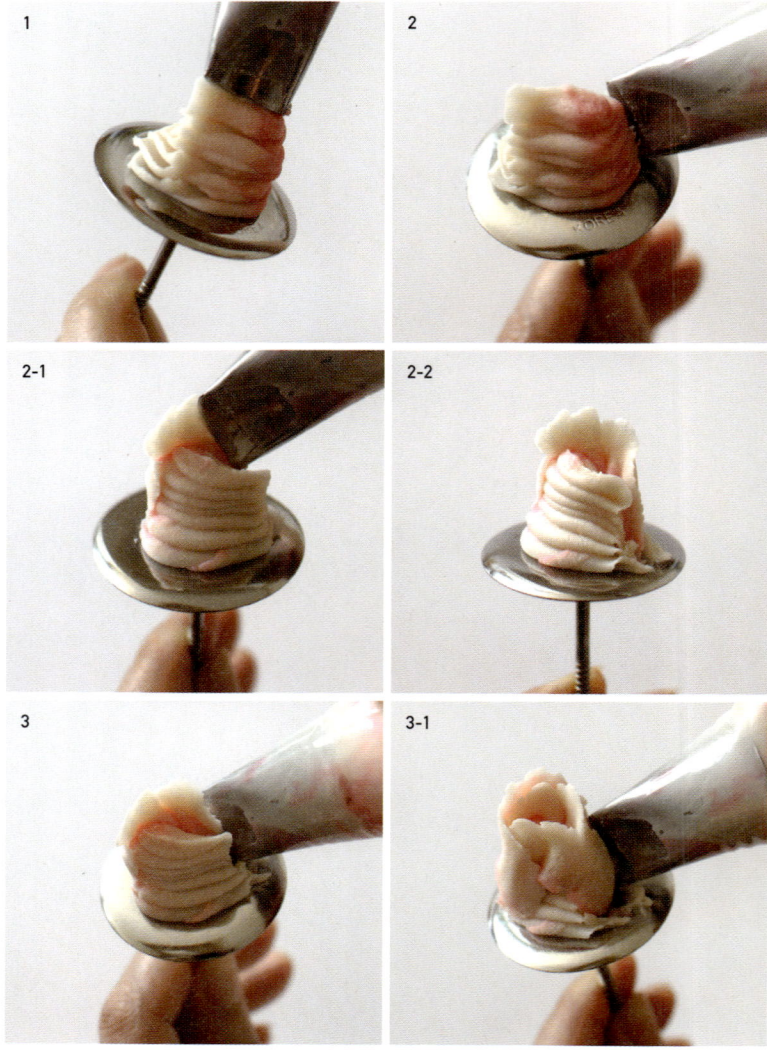

1. 122번 팁을 얇은 부분이 위로 가도록 잡고 팁을 눕혀서 네일을 반시계 방향으로 돌리면서 두툼하게 시작해서 점점 얇아지는 기둥을 손가락 한 마디 높이로 만들어주세요.

2. 기둥 옆면에 팁 아랫부분을 바짝 붙이고 네일을 반시계 방향으로 돌리면서 팁을 위로 올렸다가 다시 내리는 방식으로 꽃잎을 만들어주세요.

   <u>notice</u> 이때 팁을 기둥에 바짝 붙인 상태에서 살짝 높이 올려 꽃잎의 높이를 조정합니다.

FLOWER PIPING

3. 같은 방법으로 2의 꽃잎과 살짝 겹치도록 2개의 꽃잎을 더 만들어주세요.

   notice 한 번씩 손에 힘을 빼면서 꽃잎에 주름이나 갈라진 표현을 하면 생화 느낌을 살릴 수 있습니다.

   point 꽃잎을 겹쳐 짤 때는 팁을 꽃잎에 최대한 붙여야 전체적으로 잘 밀착되고 더 안정된 모양을 이룹니다. 그러지 않으면 꽃잎이 하나씩 떨어질 수 있으니 주의합니다.

4. 3의 방법으로 자유롭게 꽃잎을 더 만들어주세요. 꽃잎의 개수보다 바깥쪽으로 갈수록 팁을 살짝 눕혀서 펼쳐진 꽃잎을 만드는 것이 중요해요. 꽃잎의 높이는 바깥쪽으로 갈수록 살짝 높거나 같은 높이로 만들어주세요.

   notice 너무 높지 않도록 주의합니다.

5. 3번 팁으로 가운데 수술을 만들어주세요. 꽃잎과 같은 높이로 만들되, 처음에는 살짝 두껍고 위로 올라갈수록 점점 얇아져야 합니다.

6. 다른 색으로 수술 위에 동그랗게 더 만들어서 완성합니다.

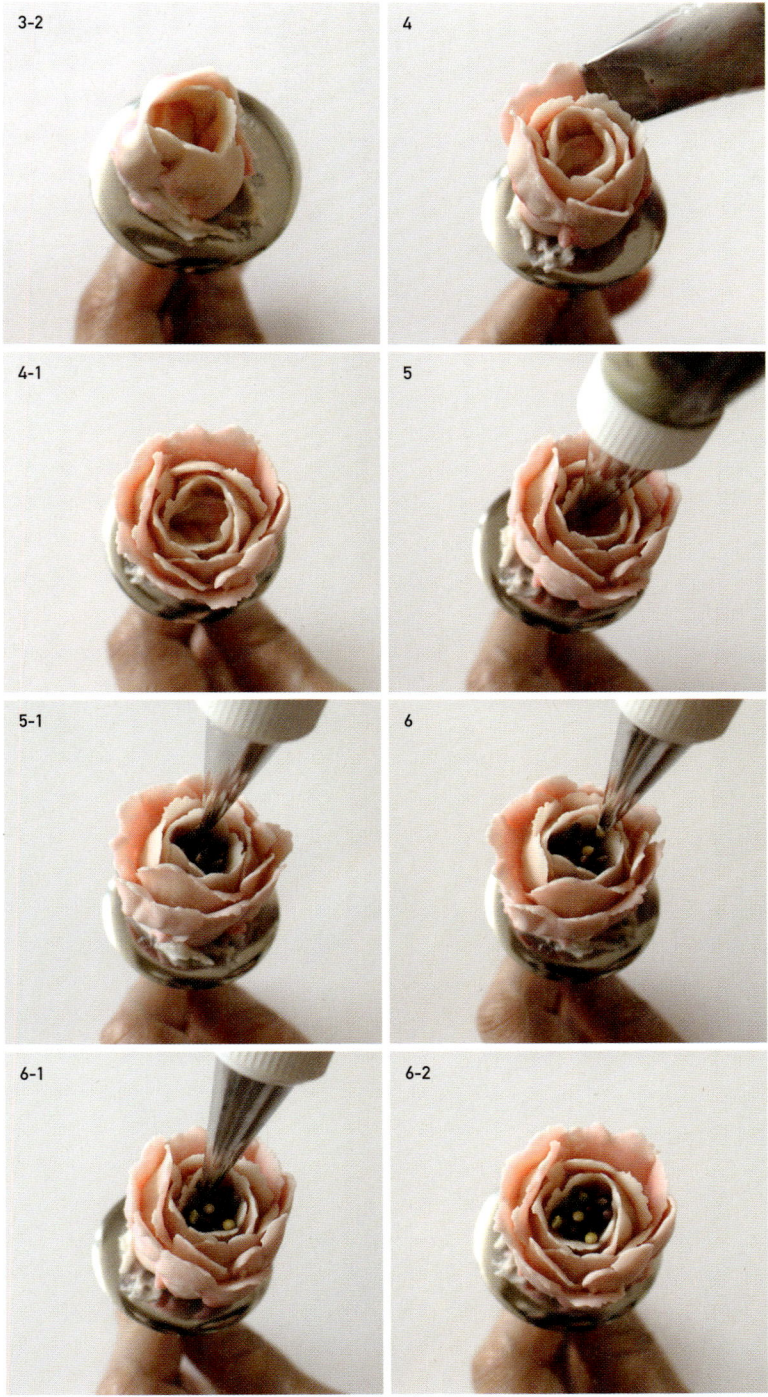

307

34 골든볼
Golden Ball

FLOWERCAKE

귀엽고 앙증맞은 골든볼을 꽃 사이에 올리면 케이크가 훨씬 풍성해 보인답니다. 완성도를 높이는 꽃 종류 중 하나라고 할 수 있어요. 다만 꽃잎을 길게 짜면 예쁘지 않으니 팁을 누르듯이 짧게 짜서 완성하세요.

INGREDIENTS

팁 번호
16
사용한 색
골든옐로

1. 팁을 끼우지 않고 커플러 채로 앙금을 짜서 동그란 기둥을 만들어주세요.
2. 16번 팁으로 동그란 기둥 위에 아주 짧은 꽃잎을 만들어주세요.
   notice 팁을 살짝 누르는 느낌으로 아주 짧게 짜야 예쁜 꽃잎이 만들어집니다.
3. 2의 방법으로 기둥 전체를 가득 채워 완성합니다.

FLOWER PIPING

35
폼폼 국화
Pompom Chrysanthemum

폼폼 국화는 플라워케이크에 포인트를 주는 꽃이에요. 작게 만들어 크레센트 어레인지 끝부분에 넣어도 좋고, 크게 짜서 돔 어레인지 아랫부분을 든든하게 받쳐줄 수도 있어요. 다만 꽃잎이 길면 예쁘지 않으니 주의하세요. 짧고 굵은 귀여운 꽃잎이 매력적인 폼폼 국화의 특징을 잘 살리고 모든 꽃잎을 불규칙하게 만들어 자연스럽게 표현해 보세요.

INGREDIENTS

팁 번호
81

사용한 색
흰색 앙금(화이트)

1. 팁을 끼우지 않고 커플러 채로 앙금을 짜서 동그란 기둥을 만들어주세요.

2. 81번 팁을 끼우고 동그란 기둥 위쪽에 아주 짧은 꽃잎을 만들어주세요.

   notice 길게 짜면 예쁘지 않으니 누르는 느낌으로 만듭니다.

3. 팁을 돌려가면서 불규칙한 꽃잎을 만들어주세요.

   notice 한쪽 방향으로만 팁을 돌리면 부자연스러우니 왼쪽과 오른쪽으로 불규칙하게 돌리면서 만듭니다.

4. 3의 방법으로 기둥 전체를 가득 채워주세요.

5. 전체적으로 살펴보고 뭉개진 부분이나 빈곳에 꽃잎을 하나씩 추가하면서 수정합니다.

36

16번 팁으로 만든
선인장

Cactus

FLOWERCAKE

16번 팁으로 만든 선인장은 기본 선인장보다 조금 더 귀엽답니다. 흰색 앙금으로 작은 가시를 넣어도 되고, 선인장 꽃을 올려도 예쁘답니다. 다육이와 기본 선인장을 함께 올리면 마치 화분처럼 보이는데, 가장 반응이 좋았던 케이크 중 하나예요. 갈색과 흰색 앙금을 섞어서 거친 땅처럼 바르면 더 효과적이에요.

INGREDIENTS

팁 번호
16
사용한 색
모스그린

1. 16번 팁을 시계 방향으로 동그랗게 돌리면서 손가락 한 마디보다 낮은 기둥을 만들어주세요.

2. 팁을 기둥 아래 바짝 붙이고 기둥 밑에서 위로 쭉 짜서 선인장 잎을 만들어주세요. 기둥 위에서 아래로 내리면서 잎을 만들어도 된답니다.

   notice 팁을 기둥에서 떨어뜨리면 잎이 떨어질 수 있으니 주의합니다.

3. 2의 방법으로 기둥 전체에 긴 선인장 잎을 만들어 완성합니다.

FLOWER PIPING

37
선인장 꽃
Cactus

선인장에 포인트를 주고 활기를 불어넣는 꽃이에요. 드물게 101번 팁의 두꺼운 부분이 위로 가도록 잡고 통통한 꽃잎을 짧게 만듭니다. 선인장 위에 살짝 올리면 생화 느낌이 난답니다. 기본 선인장과 함께 배치해도 좋아요. 다육이와 선인장이 녹색 계열이기 때문에 선인장 꽃이 몇 개만 있어도 훨씬 생동감 있답니다. 빨간색 외에 노란색으로도 만들어보세요.

INGREDIENTS

팁 번호
1C1 (또는 102)
사용한 색
레드레드+브라운

1. 101번 팁을 두꺼운 부분이 위로 가도록 잡고 작은 기둥을 만들어주세요. 처음에는 조금 두껍고 올라갈수록 점점 얇아지는 기둥이어야 합니다.

2. 팁의 아랫부분을 기둥에 바짝 대고 돔 안쪽으로 기울인 다음 네일을 반시계 방향으로 돌리면서 기둥을 따라 올렸다가 내리는 방식으로 꽃잎을 하나 만들어주세요.
   notice 기둥에 완전히 밀착합니다.

3. 같은 방법으로 4개의 꽃잎을 더 만들어주세요.
   notice 꽃잎을 최대한 많이 겹쳐야 작고 예쁜 모양이 만들어집니다. 거의 기둥을 깎는다는 느낌으로 완전히 밀착합니다.

4. 꽃가위로 꽃만 잘라서 선인장 위에 올려주세요.
   notice 기본 선인장(296쪽) 참고

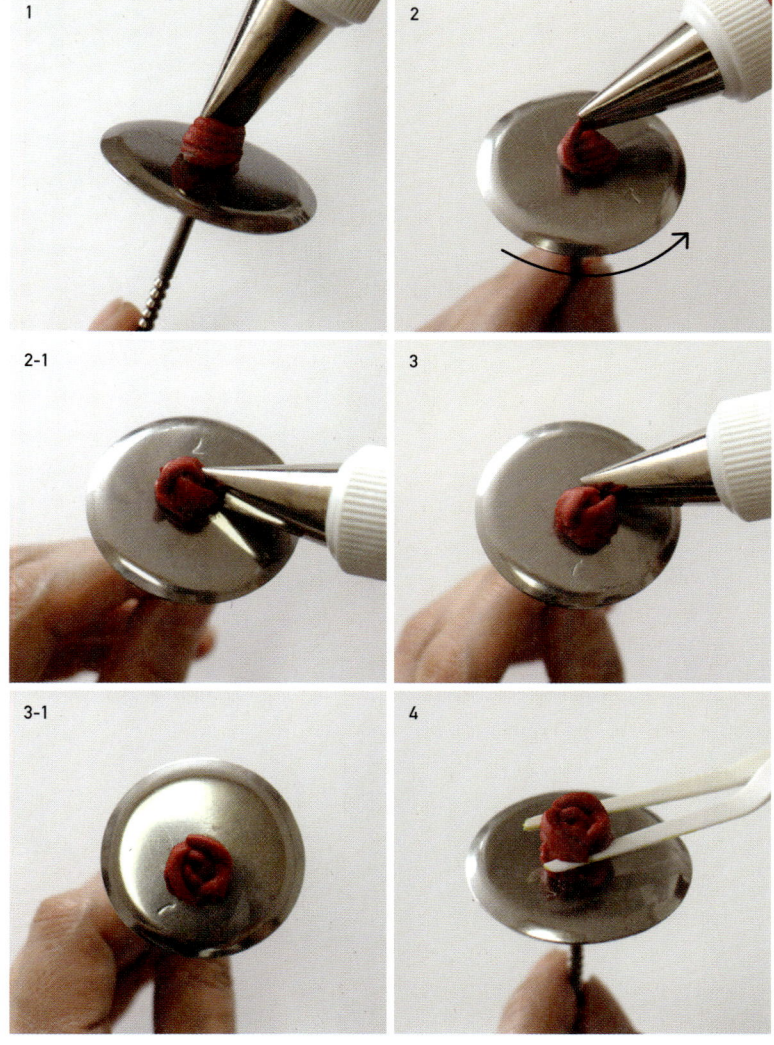

PART

5

화 룡 점 정
어레인지

떡 시트 위에 꽃을 아름답게 올리는 어레인지에 대해 알아볼 거예요. 플라워케이크 입문자들은 일단 기본적인 어레인지를 연습해 보세요. 익숙한 한 가지 방법만 고집하지 말고 여러 가지 어레인지 방법을 연습하는 것이 좋아요. 기본 어레인지에 익숙해져야 자신만의 방법과 디자인으로 어레인지를 할 수 있답니다.
여기서는 '변형 어레인지'를 따로 설명했는데, 책 전반에 걸쳐 정해진 규칙을 벗어난 어레인지로 만든 플라워케이크를 만날 수 있어요. 나만의 방식으로 만들었기에 더욱 특별한 플라워케이크랍니다. 하지만 그 전에 기본 어레인지를 충분히 연습해야 한다는 것, 잊지 마세요.

ARRANGE

1
어레인지
Arrange

파이핑은 마음에 들지 않으면 버리고 다시 만들면서 비교적 간단하게 연습할 수 있어요. 하지만 파이핑 못지않게 중요한 어레인지는 떡을 먼저 만들어야 하므로 연습하기가 쉽지 않답니다.

떡 대신 원하는 크기의 스티로폼을 랩으로 감싸고 무스띠로 고정한 다음 그 위에 어레인지 연습을 해보세요. 다른 스타일로 디자인하고 싶은데 떡 만들 시간이 없을 때는 스티로폼을 이용하면 아주 간단하답니다.

여기서는 떡이나 스티로폼 대신 슬레이트 위에 케이크 크기로 원을 그려 어레인지하는 방법을 선택했습니다.

INGREDIENTS

꽃(팁 번호)
내추럴 로즈(104), 수국(103), 수술(3), 각종 잎(103)
내추럴 작약(122), 카라(122)

색
화이트

FLOWERCAKE

1

돔 어레인지
Dome Arrange

작은 돔 위에 꽃을 올리는 디자인이에요. 케이크 전체를 채우는 것이 아니어서 상대적으로 꽃이 적게 사용되죠. 너무 단순해 보인다면 반대쪽 케이크 바닥에 꽃 몇 개를 더 올려보세요. 훨씬 풍성해진답니다. 돔을 케이크 윗면 오른쪽에 만들었다면 케이크 바닥 왼쪽에 다른 꽃을 올리면 된답니다.

INGREDIENTS

사이즈
1호 사이즈(15×7)
종류
돔 스타일

1. 케이크 중앙이나 가장자리 등 어레인지를 할 부분에 앙금을 도톰하게 올려주세요.
2. 1의 앙금 가장자리에 꽃을 세워 붙여주세요.
   notice 너무 작은 꽃을 올리면 무게중심이 맞지 않아 위에 있는 꽃들이 무너질 수 있으니 너무 작지 않은 것으로 올립니다.
3. 가운데에도 꽃을 올려주세요.
4. 잎사귀를 만들어서 마무리합니다.
   notice 램스이어, 안개꽃, 라벤더 등을 올리면 좀더 풍성한 플라워케이크가 완성됩니다.

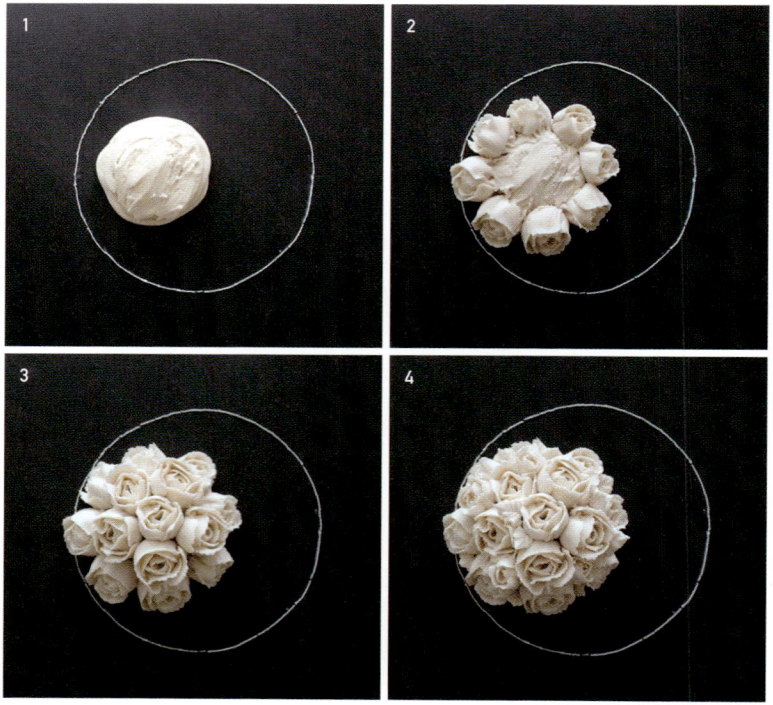

ARRANGE

2
리스 어레인지
Wreath Arrange

둥근 화환처럼 바깥쪽과 안쪽에 꽃을 올리고 가운데를 비워두는 디자인이에요. 꽃 위에 또 꽃을 올리면 훨씬 풍성합니다. 크기가 비슷한 꽃을 올려도 되고, 작은 꽃들을 여러 개 올리면 화려한 분위기를 낼 수 있어요. 입체적인 꽃뿐 아니라 평면적인 꽃과도 잘 어울리니 카라나 데이지 등 다양한 꽃들로 장식해 보세요.

INGREDIENTS

사이즈
1호 사이즈(15×7)
종류
리스 스타일

1. 케이크 가장자리에 꽃 2개를 세워 붙이고 안쪽으로 꽃 1개를 붙여주세요.
2. 1의 방법으로 케이크를 채워주세요.
3. 빈 공간에 작은 꽃을 올려 완성합니다.

   notice 잎사귀나 램스이어, 안개꽃, 라벤더 등을 올리면 더욱 완성도를 높일 수 있습니다.

   notice 꽃이 케이크 안쪽으로 너무 들어오면 가운데 빈 공간이 좁아져서 전체적으로 답답해 보일 수 있으니 안쪽에 공간을 충분히 만들어줍니다.

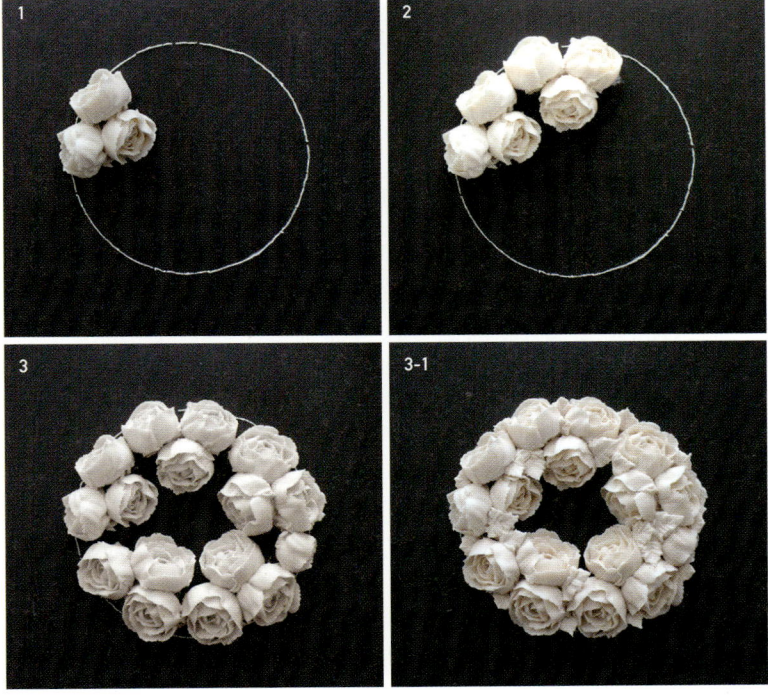

3

블로섬 어레인지
Bloossom Arrange

FLOWERCAKE

블로섬 어레인지는 묵직한 느낌 때문에 큰 파티나 잔치에 잘 어울린답니다. 케이크 윗면 전체가 꽃으로 채워지니 멀리서 보기에도 화려하고, 양이 많아서 나눠 먹기에도 좋아요. 한 가지 꽃만 올려도 되지만, 입체적인 꽃들을 여러 개 올린 다음 라벤더나 램스이어, 아네모네 등 평평한 꽃을 작게 올려도 좋아요. 꽃이 바로 위에서 정확하게 보이는 만큼 찌그러지지 않도록 어레인지 연습을 해보세요.

INGREDIENTS

사이즈
1호 사이즈(15×7)
종류
블로섬 스타일

1. 케이크 가장자리에 꽃을 세워 붙여주세요.
2. 가운데를 앙금으로 채워주세요.
   notice 컵 설기를 뒤집어서 올린 다음 앙금을 덮어도 됩니다.
3. 앙금 위를 꽃으로 채워주세요.
   notice 잎사귀나 램스이어, 안개꽃, 라벤더 등을 올리면 완성도를 높일 수 있습니다.

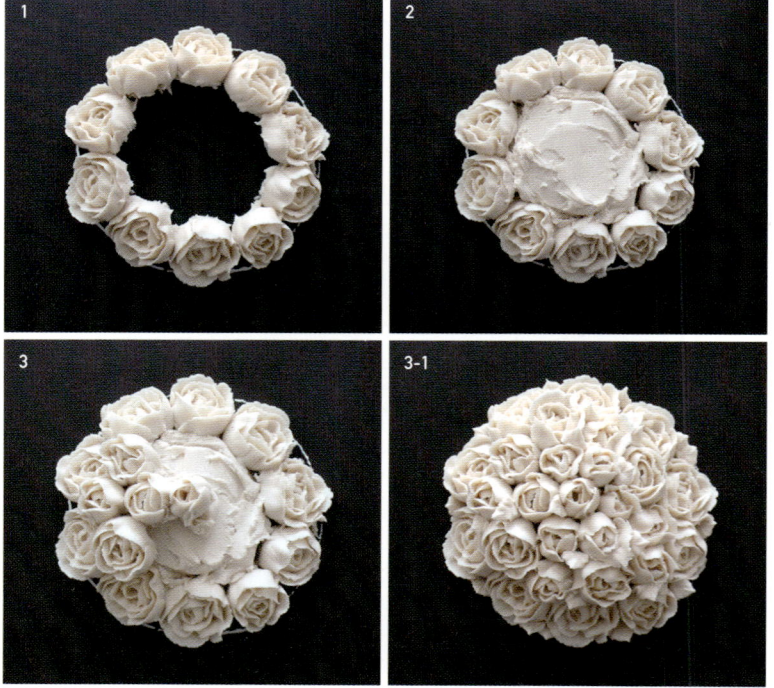

ARRANGE

4
크레센트 어레인지
Crescent Arrange

양쪽 끝은 얇고 가운데는 두툼한 초승달 모양의 디자인이에요. 얇은 끝부분에 작은 꽃들을 올리고 가운데는 좀더 큰 꽃을 올리면 입체적인 느낌을 줄 수 있어요. 얇은 끝부분에 큰 꽃을 올리면 둔해 보일 수 있으니 주의하세요.

INGREDIENTS

사이즈
1호 사이즈(15×7)
종류
크레센트 스타일

1. 케이크 가장자리에 초승달 모양으로 앙금을 올려주세요. 초승달처럼 끝부분은 얇고 가운데는 도톰하게 만듭니다.
2. 초승달의 바깥쪽과 안쪽에 꽃을 붙여주세요.
3. 나머지 부분도 꽃을 붙이는데 초승달의 끝부분은 작은 꽃을 붙여주세요.
4. 가운데도 꽃으로 채워주세요.

   notice 다양한 크기의 꽃을 올리면 좀더 입체적으로 보입니다. 잎사귀나 램스이어, 안개꽃, 라벤더 등을 올리면 완성도를 높일 수 있습니다.

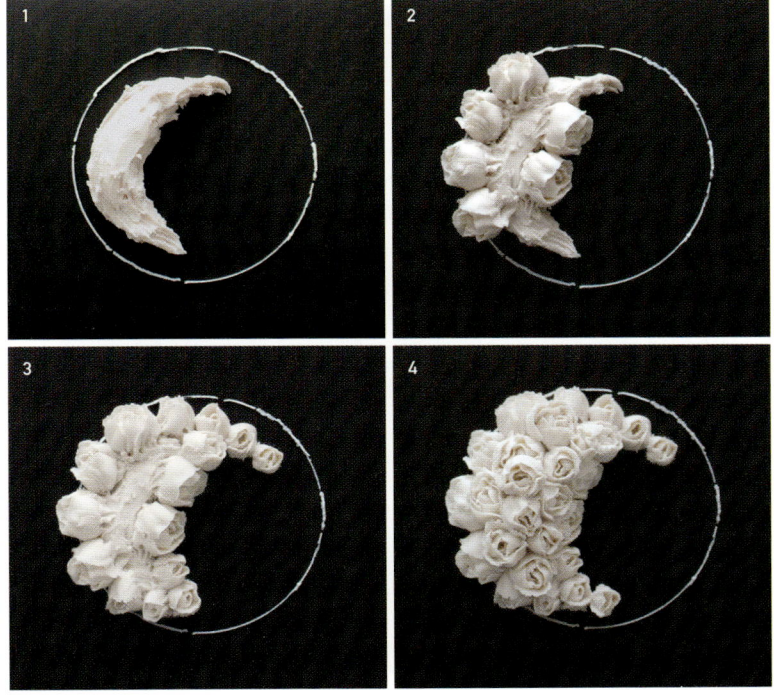

5 변형 어레인지
Transform Arrange

특별한 규칙을 따르지 않고 자신의 스타일로 꽃을 꾸미는 것이에요. 기본 어레인지를 충분히 연습했다면 어떤 규칙 없이도 자유롭게 장식할 수 있답니다. 평면적인 꽃을 먼저 케이크에 올리고 남은 면은 크레센트 어레인지를 하거나 아주 작은 꽃으로 리스 어레인지를 한 다음 그 위에 평면적인 꽃을 올려도 좋습니다. 유니크한 나만의 디자인을 만들어보세요.

INGREDIENTS

사이즈
1호 사이즈(15×7)
종류
변형 스타일

1. 케이크 가장자리에 납작한 꽃을 올려주세요.
2. 입체적인 꽃을 여러 개 묶음 형태로 올려주세요. 여기서는 2개, 4개, 6개씩 올렸어요.

   notice 잎사귀나 램스이어, 안개꽃, 라벤더 등을 올리면 완성도를 높일 수 있습니다.

튤립과 수국으로 만든 플라워케이크
조색하고 꽃을 파이핑하고 어레인지하는 등 하나의 플라워케이크가 처음부터 끝까지 완성되는 과정을 동영상으로 담은 것입니다. 차근차근 동영상을 보면서 플라워케이크가 어떻게 만들어지는지 알아보세요.